Roy Wilkinson

MITOLOGÍA NÓRDICA
Y SU SIGNIFICADO

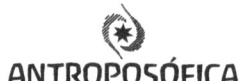
ANTROPOSÓFICA

Título original en inglés: The Norse Stories and their Significance.

Ilustraciones: Ronaldo Isely.

> Roy Wilkinson
> La Mitología Nórdica y su significado - 1ª edición - Buenos Aires - Antroposófica 2007
> 160 Pág. - 22,5 x 15 cm
>
> Traducido por: Cristina Pilon
>
>
> 1. Mitología Nórdica. I. Pilon, Cristina, trad. II. Título
> CDD 293.13

© Reservados todos los derechos a favor de
Editorial Antroposófica

Hecho el depósito que marca la ley 11.723

Impreso en Argentina en abril del 2019

Editorial Antroposófica
Buenos Aires, Argentina

E-mail: info@editorialantroposofica.com
www.editorialantroposofica.com

Índice

Prefacio	5
La Creación	9
Yggsadril, el árbol del mundo	22
Asgard, el hogar de los dioses	28
La narración de Loddfafnir	40
Cómo Odín obtuvo la sabiduría	42
La guerra entre los Ases y los Vaner	46
Kvasir y el aguamiel mágica	50
Las manzanas de Iduna	56
El robo de las manzanas de Iduna	59
El casamiento de Njord y Skadi	63
La construcción del muro de Asgard	66
Los hijos de Loki	70
Los tesoros de los dioses	77
Heimdall en Midgard	83
Las hazañas de Thor	87
El martilo de Thor es robado	87
El viaje de Thor a la tierra de los gigantes	88
El viaje de Thor a Utgard	93
Thor busca el calderón de Hymir	98
Thor lucha con los gigantes Geirrodur y Rungnir	101

El collar de la discordia	**105**
Odín visita a Vafthrudnir	**108**
El regalo de una reina	**110**
La muerte de Baldur	**112**
Frey se enamora de la hija de un gigante	**118**
Vali, el vengador	**121**
Los insultos de Loki	**125**
El castigo de Loki	**127**
El día de Ragnarok	**129**
Glosario	**138**
Bibliografía	**147**

Prefacio

A primera vista, las narraciones de la mitología nórdica parecen un conjunto increíble de cuentos, de secuencia ilógica e incoherente. Puede ser que esto se deba, por un lado a la tradición oral y, por el otro, a que las narraciones proceden de fuentes diversas. También es posible que, en el transcurso del tiempo, el texto no agradara a algunos editores y, por esta razón, se hicieran algunas "mejoras" que alteran el sentido.

Sea como sea, en la mitología nórdica hay una gran profundidad de conocimiento y, aún siendo fragmentadas como son, son posiblemente reliquias de sabiduría de antiguos misterios. Presentan una imagen de evolución, de la creación y desarrollo del hombre y su relación con seres superiores; muestran la lucha del hombre contra fuerzas adversas, el debilitamiento de la antigua concepción del mundo y el nacimiento del Yo que conduce a nuevas capacidades de percepción; muestran la pérdida de la visión espiritual y la consiguiente catástrofe (*Götterdämmerung**). Pero a partir de la catástrofe surge una nueva esperanza y emerge nueva vida. Las narraciones insinúan la venida de Cristo, pero también mues-

---

* N. del T.: El Ocaso de los Dioses.

tran que la humanidad necesita sufrir antes de que el impulso de Cristo pueda afianzarse.

Götterdämmerung, el Ocaso de los Dioses, el día de Ragnarok, éstas son diferentes expresiones para la gran catástrofe que la gente sentía que iba a suceder. Se trata de la desaparición de la visión espiritual –si bien los poderes antiguos de clarividencia debían desaparecer– para que el hombre pudiera desarrollar la individualidad y la libertad.

Estos son los temas de las narraciones, pero no presentados en conceptos sino en cuadros imaginativos. Esto es algo que le cuesta captar a la mente moderna.

El modo de pensar del hombre ha cambiado en el transcurso de su evolución, del mismo modo que cambia en el transcurso de la vida de un ser humano. Hoy podríamos hablar de fuerzas retardadoras, antiguas. Para el antiguo nórdico esa sería una abstracción incomprensible. Él experimentaba esas fuerzas retardadoras como gigantes; una tempestad en el mar, como la actividad de la serpiente marina; su propia conciencia del yo, como la figura de Thor; Loki es el Lucifer nórdico. La muerte de Baldur es la pérdida de la visión espiritual.

Las personas entre las cuales se originaron estas narraciones tenían una visión especial de la vida. No de aceptación del destino, como es el caso de Oriente, pero sí de la vida como un desafío. Estaban imbuidos de un sentido de aventura y de valor para enfrentar y superar las vicisitudes de la vida mediante la fuerza de su propio Yo en desarrollo; fueron los precursores de la Era Teutónica, la era de Europa.

Lo que a veces se describe como un hecho externo, también puede ser una experiencia del alma. Cuando decimos que alguien tiene "una nube sobre la cabeza", refiriéndonos a un estado de depresión o amenaza, la usamos como figura del lenguaje. Para los nórdicos la nube sería real.

Los cuentos de hadas presentan cuadros imaginativos similares. Describen experiencias del alma y verdades espirituales. Lo mismo hacen algunas narraciones bíblicas, pero para entenderlas es esencial cierto tipo especial de conocimiento. La clave para ello se encuentra en la investigación científico-espiritual de Rudolf Steiner, a la que dio el nombre de Antroposofía (Conocimiento del Hombre). Las explicaciones aquí presentadas se basan, en su mayoría, en las indicaciones de Rudolf Steiner, pero es obvio que lo que se presenta aquí –condensado– se comprenderá mucho mejor al remitirse a su obra.

"Las narraciones nórdicas y su significado" complementan el trabajo del autor sobre cuentos de hadas y narraciones del Antiguo Testamento. Todos tienen una importancia especial en la educación. Todas estas narraciones son alimento espiritual para los niños. Los cuentos de hadas son adecuados para los niños de la primera infancia, a partir de los cinco años. Alrededor de los nueve años, el niño desarrolla mayor interés en los temas de la Tierra, así en sí mismo como ser individual. Las narraciones del Antiguo Testamento presentan una imagen objetiva de ese desarrollo. Las narraciones de la mitología nórdica son la secuencia lógica. Presentan una posterior llegada a la Tierra y el desarrollo del Yo. Tales cuadros imaginativos fortalecen el ser interior del niño y son totalmente apropiados para niños de unos diez años de edad. Esta secuencia de narraciones se utiliza en todas las escuelas que se basan en las pautas educativas de Rudolf Steiner, por lo tanto, éste trabajo tendrá especial valor para los maestros de dichas escuelas.

Este libro contiene cortas versiones de las narraciones y explicaciones, y cabe subrayar que las explicaciones son solo para adultos. Los niños deben vivir el contenido imaginativo de las narraciones, pero el docente o la persona en cuestión debe entender lo que está por detrás de lo que está contando.

Del mismo modo que en los demás libros mencionados, el autor no se atribuye infalibilidad ni dice que sus explicaciones sean las únicas posibles. Puede haber otras igualmente válidas. También es consciente de que algunos detalles no han sido explicados. De todos modos, existe poca literatura adecuada sobre este tema y se espera que estos apuntes, generados tras un cierto número de años de estudio, puedan ser útiles.

Roy Wilkinson
Forest Road
E. Sussex
Inglaterra

La Creación

En el principio, no había tierra, no había cielo, no había mar, no había césped, no había árboles, solo un gran vacío conocido como Ginnungengap. Hacia el Norte estaba la tierra de la bruma, Niflheim, cubierta de hielo y nieve, de la que fluían doce ríos del manantial, Hvergelmir. El agua fluía hacia el gran vacío y se transformaba en hielo. Hacia el sur estaba una región de calor abrasador, la tierra del fuego, Muspelheim. El cálido aire de Muspelheim se desplazaba sobre el hielo, derritiéndolo y de éste surgía la forma de un gigante, Ymir. Él transpiró y de su propio cuerpo salieron otros gigantes.

En el lugar más remoto de Muspelheim estaba Surtur, con su espada maldita, esperando destruir hombres y dioses en el día del Juicio Final.

Cerca de Muspelheim, a medida que el hielo seguía derritiéndose, apareció también la forma de una vaca, Audumla, de cuyas ubres fluían cuatro arroyos de leche.

Ymir se alimentaba de su leche y Audumla lamía los salados bloques de hielo para alimentarse. Un atardecer, cuando ella lamía, surgió una cabeza del hielo que se fusionaba, después un cuerpo completo. Era Buri, uno de los dioses, cuyos nietos eran Odín, Vili y Ve (los hombres nórdicos llamaban a esta nueva estirpe de dioses

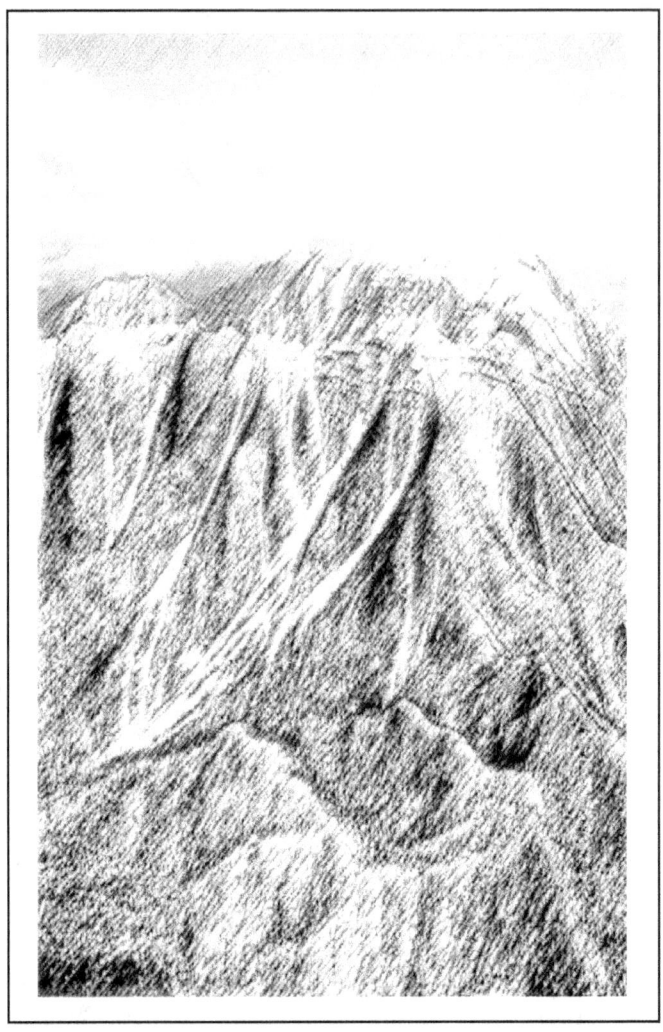

Hacia el Norte estaba la tierra de la niebla, Niflheim, cubierta de hielo y nieve, de la que fluían doce ríos de manantial, Hvergelmir...

"Aesir" -los Ases- y consideraban maligno a Ymir). Se desarrolló una rivalidad entre los dioses y los gigantes, que desembocó en la muerte de Ymir y sus iguales, salvo uno, Bergelmir, que escapó con su esposa. De ellos descendieron los gigantes de las Tormentas y los Jotuns o gigantes de las Rocas.

Odín y sus hermanos arrojaron el cuerpo de Ymir en medio de Ginnungegap y, a partir de éste, formaron la tierra, el mar y el cielo. Construyeron un gran molino y molieron la carne de Ymir para que fuera el suelo. De sus huesos hicieron montañas, rocas de sus dientes y mandíbulas, árboles de su cabello, lagos y mares de su sangre. Su gran cráneo fue la bóveda celeste y su cerebro formó las nubes. La bóveda celeste era sustentada por cuatro enanos, cada uno en uno de los cuatro puntos cardinales, en el fin del mundo.

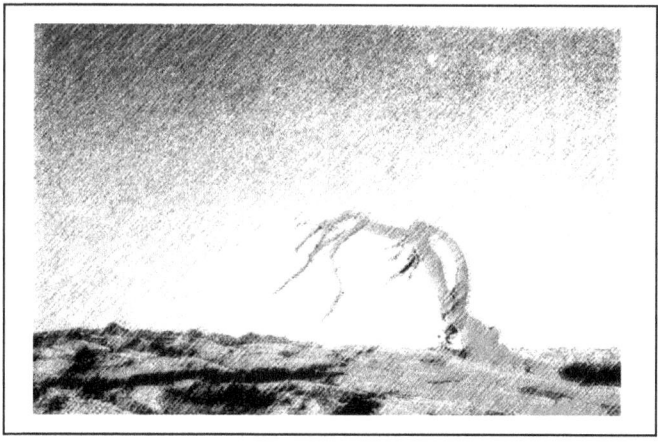

Hacia el Sur había una región de calor abrasador, la tierra del fuego, Muspelheim.

En el transcurso del tiempo, dioses, gigantes y otros seres han dejado sus huellas. Había un gigante negro, cuya hija era llamada Noche. Ella se casó tres veces. Tuvo un hijo, una hija llamada Día y otra llamada Tierra. Tierra fue la madre de uno de los más famosos de los Ases, Thor. Odín colocó a Noche en un carro oscuro tirado por un caballo negro, llamado Crines Heladas. A Día la colocó en un carro tirado por un corcel blanco, llamado Crines Relucientes.

Los dioses rodearon la tierra con un anillo de mares, crearon las estrellas a partir de las chispas flotantes de Muspelheim y pusieron el Sol y la Luna en sus lugares correspondientes.

Un forastero llamado Mundilfari tuvo dos preciosos hijos a los que llamó Sol y Luna. Los dioses se enfadaron ante tal osadía y Odín los puso en el cielo a manejar los carros. A su vez, eso enojó a los perversos gigantes, que enviaron, entonces, dos lobos hambrientos, hijos de una giganta, a asediarlos. Ya llegará el momento en que los atraparán; y, cada vez que hay un eclipse, podemos ver cuán cerca logran llegar.

Se vivía entonces una época de oro, en la cual los dioses pasaban el tiempo jugando alegremente, jugando a los dados y cosas similares. Pero un día, una sombra cayó sobre su alegría. Aparecieron tres extrañas figuras femeninas, de tiempos antiguos. Eran las Nornas, cuyo padre era Mimir, el Anciano, que existía antes de que esta historia comenzara. Ellas conocían el destino del hombre y ahora anunciaban que un nuevo tiempo debía comenzar.

Los dioses se reunieron para consultarse. Tomaron conciencia de las criaturas repulsivas de la carne de

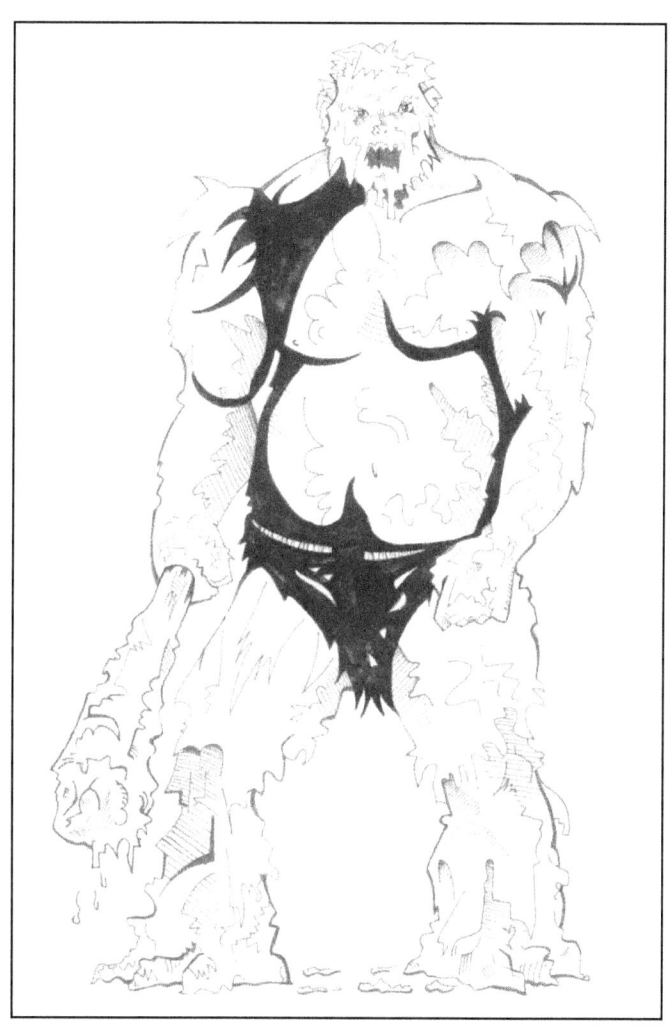

El cálido aire de Muspelheim se desplazaba sobre el hielo, derritiéndolo y de éste surgía la forma de un gigante, Ymir.

Ymir y las transformaron en enanos; les dieron inteligencia y forma, de modo tal que parecían seres humanos. Algunos fueron enviados a vivir en la Tierra, otros en cuevas y otros en las laderas de las montañas. Mimir fue designado para ser su líder.

Una vez, tres de los dioses: Odín, Honir y Lodur, mientras caminaban a la orilla del mar, se encontraron con dos árboles que, como todos los demás, habían sido formados a partir del cabello de Ymir. Estos dos árboles eran un Fresno y un Olmo, que no tenían poder ni destino y los dioses crearon, a partir de ellos, el primer hombre y la primera mujer. Odín, el mayor de los tres, les dio aliento y alma; Honir les dio la mente y, por lo tanto, la capacidad de formar ideas; Lodur les dio sangre, talla y color. Los llamaron Ask y Embla. Pero, ¿quiénes son Honir y Lodur? ¿Qué sucedió con los otros compañeros de Odín: Vili y Ve? Todo lo que sabemos hasta este momento es que diferentes dioses tienen diferentes tareas, y a veces los dioses, así como los hombres, cambian su naturaleza.

La tierra yacía en el anillo de mares, y en el medio, los dioses prepararon un lugar llamado Midgard, en el cual los hombres podían vivir. Con las cejas de Ymir construyeron un gran muro que establecía el límite a partir del cual debían vivir los gigantes. Su tierra era conocida como Jotunheim. Duendes, hadas y otros seres similares de los primeros tiempos de la creación, también vivían más allá del límite de Midgard. Su tierra era la región llamada Tierra de Duendes, pero ellos podían fácilmente visitar Midgard, donde enseñaban a los pájaros a cantar, regaban las flores y bailaban con las mariposas. No muy lejos de allí había una región conocida como

Svartalfheim, que significa "Tierra de los Duendes Oscuros" y allí vivía otra estirpe de duendes.

En Jotunheim estaba el pozo de Mimir, el Pozo de la Sabiduría, que tiene su propia historia.

Sobre Midgard los dioses construyeron su propio hogar, Asgard, con un puente de arco iris que lo unía a Midgard.

En las profundidades, debajo de todos los mundos –así lo creían los hombres nórdicos– estaba el Reino de Hela, donde eran juzgadas las almas de los muertos, antes de que se les permitiera continuar su camino. Los virtuosos eran felices y bebían del cuerno de Urd, que les proporcionaba alegría y fuerza; pero aquellos que habían sido malos, los asesinos, los que habían profanado templos, debían pasar por regiones donde sufrían torturas acordes con sus delitos.

* * *

En su "Esbozo de Ciencia Oculta", Rudolf Steiner describe tres fases de evolución planetaria anteriores a la existencia del sistema actual. Entre cada fase hay una desintegración de lo ya existente, seguida de una nueva construcción. El período de transición puede ser considerado como "caos", en el sentido estricto de la palabra.

El gran vacío de la Mitología Nórdica, Ginnungegap, representa este caos, el gran piélago de sustancia primordial tras los tres estados planetarios anteriores, del cual nació la Tierra. Se refiere a lo mismo que la Biblia, cuando dice: "…desordenada y vacía…", un estado sin espacio ni tiempo, un caos de fuerzas formativas sobre las cuales (en la Biblia) se movía el espíritu de Dios. No tiene forma o estructura física.

Los reinos de la naturaleza no están diferenciados y el ser humano existe solo espiritualmente.

Están en actividad dos procesos cósmicos formativos: uno consolidando, el otro desintegrando, ambos resultado de la actividad divina.

La Biblia se refiere a esas fuerzas como cielo y tierra, pero, en realidad, indica dos puntos focales, de dos centros de influencia. En la mitología nórdica, una de esas dos fuerzas se representa como fluyendo de Niflheim, en el norte, creando capas de hielo. La otra viene de Muspelheim, en el sur, y lo derrite. Como resultado del trabajo conjunto de estas fuerzas, surgen dos seres: en el norte de lo que había sido el gran vacío, Ymir, el gigante; en el sur, Audumla, la vaca. Estos hechos representan el desarrollo desde un potencial cósmico hacia el comienzo de las condiciones físicas. Ymir es la sustancia indiferenciada; Audumla es la fuerza que da sostén, activa, vital.

Surtur es un ser espiritual de alto rango, que ha quedado atrás en su desarrollo. Se puede pensar en él como arquetipo del mal.

No hay información sobre el origen de Buri y debemos presuponer que él era uno de los seres divinos que existían antes de los hechos de Ginnungegap. De otras narraciones, sabemos que Ymir tuvo tres antepasados y podemos suponer que se refieren a los tres estados anteriores de la Tierra. Eran dioses creadores que se retiraron pero entregaron su tarea a otros. Por lo tanto, Odín, Vili y Ve son dioses de menor rango, que continúan el trabajo comenzado anteriormente.

Los dioses matan a Ymir (y a sus descendientes) y forman el mundo a partir de su cuerpo, es decir, transforman la sustancia espiritual y, a partir de ella, comienzan a formar el mundo físico. Un gigante se escapa con su esposa en un bote y de él descienden los gigantes de las Tormentas y los Jotuns (gigantes de las Rocas), es decir, dos estirpes de gigantes.

En el contexto de estas narraciones, los gigantes representan fuerzas antiguas, con influencia negativa. Los gigantes de las Tormentas están vinculados a las pasiones y urgencias del alma; los Jotuns, o gigantes de las Rocas, a las fuerzas del crecimiento, en su caso del "no-crecimiento", es decir, de endurecimiento, de consolidación.

En el proceso de la creación, el Sol, la Luna y las estrellas eran al principio entidades espirituales, que luego se densificaron. El Antiguo Testamento narra que el Sol, la Luna y las estrellas fueron creados en el cuarto día; sin embargo, la luz, el día y la noche, el firmamento, la tierra seca y los mares fueron creados antes. Al final de la creación, el Dios organizó las estaciones. Fijar la posición de los cuerpos celestes significa ordenar el Cosmos. Día, noche y tierra son manifestaciones emanadas del caos original. La mitología nórdica no lo dice tan claramente, pero en esencia, es la misma historia. También señala cómo debe trabajar el hombre con las influencias celestiales, deseando realmente conquistarlas. De ahí la imagen de los niños conduciendo los carros del Sol y de la Luna.

Los pueblos nórdicos tenían la premonición de que vendrían tiempos sin dioses y se refieren a ellos como el día de Ragnarok, el día del Juicio Final (Götterdämmerung). La persecución del Sol por los lobos es una señal de la venida de tiempos del mal. Estos pueblos todavía tenían la capacidad de la clarividencia. El día, la noche, el Sol y la Luna no eran objetos claros, como los percibimos hoy, con nuestras mentes modernas; tampoco lo eran otros elementos de la naturaleza, pero los hombres nórdicos los experimentaban como objetos animados o motivados por seres espirituales.

Existe, de todos modos, otro aspecto en esta narración de la creación.

El proceso microcósmico descrito como la fuente y los doce ríos de Niflheim, se repite en el microcósmico cerebro humano y los doce nervios craneanos. El significado de "Hvergelmir" es algo así como "un torbellino en el casco", es decir, el cerebro dentro del cráneo. Ymir es el prototipo del ser humano neuro-sensorio, con su centro en la cabeza. Con la cabeza se conecta el nuevo proceso cognitivo y una nueva conciencia. Pero el pensar es un proceso "frío", de ahí que Ymir sea visto como el mal.

La influencia de Muspelheim es la fuerza cósmico-creadora y dadora de vida, y Audumla representa el proceso metabólico en el hombre.

Es por esto que vemos a Ymir y Audumla como espejo y creación de las dos fuerzas de Niflheim. Juntas representan la dualidad del ser humano, como era experimentada en otras culturas, por ejemplo las esfinges en Egipto y los centauros en Grecia; en la parte superior el hombre, en la inferior el animal.

De la actividad posterior de Audumla resulta la aparición de Buri, y en el debido momento, de sus nietos: Odín, Vili y Ve. El papel de esta trinidad en el posterior desarrollo de la humanidad será estudiado más adelante, pero queremos destacar el número "tres". La visión de la dualidad en el hombre es correcta, pero éste tiene otro atributo. Los extremos nervioso y metabólico, cabeza y miembros, tienen un sistema intermediario de fuerzas rítmicas y del corazón. Su desarrollo se relaciona con la evolución física del hombre.

Hace mucho tiempo había, donde hoy yace el océano Atlántico, un gran continente llamado Atlántida. La constitución física de los hombres de aquella época era un poco dife-

rente de la de los posteriores. En la Atlántida, la alimentación era relativamente sencilla, una especie de inhalación, pero con el cambio a la alimentación actual, se desarrolló un nuevo metabolismo para distribuir los productos a través del organismo, y de ahí, el desarrollo del corazón y del sistema circulatorio.

En este momento los dioses se toman un descanso. Esto nos recuerda el Sabbath en las narraciones de la Biblia, pero con la visita de las Nornas, las divinidades nórdicas son estimuladas a seguir en actividad. Estos seres son los que comprenden el destino. El destino de los seres humanos es tornarse libres e independientes, pero para esto ellos necesitan un punto central de poder dentro de sí mismos, una fuerza que les dé su propio rumbo, específicamente un Yo. Esto es lo que las Nornas anuncian.

Inmediatamente después de la visita de las Nornas, los dioses toman conciencia de la presencia de las criaturas repulsivas en la carne de Ymir y las transforman en enanos.

La creación de los enanos es un tanto enigmática. Ellos representan a los seres de la naturaleza que tienen inteligencia intuitiva. La imagen sugiere que fuerzas de metamorfosis están trabajando en el cuerpo terrestre, a partir del cual seres inteligentes se desarrollan y existen según sus propias reglas; pero la imagen también puede ser símbolo del desarrollo humano. La metamorfosis es un "preludio" necesario para recibir nuevos poderes. La imagen podría, por lo tanto, representar algo previo al próximo evento, que es la donación de las cualidades que son esenciales al ser humano.

Ahora la narración se concentra, del mismo modo que en la Biblia, en la creación de una pareja. El trabajo previo a crear al ser humano como ser terrestre está terminado y los dioses pueden darle sus dones, que lo harán ser tal como estaba previsto.

Los dioses encuentran dos árboles. Los nombres Ask y Embla (Fresno y Olmo) nos recuerdan a Adán y Eva.

Del mismo modo que el cuerpo físico humano surgió de la sustancia de Ymir, así lo hizo su cuerpo etéreo, sus fuerzas vitales. Los árboles estaban formados a partir de los cabellos de Ymir, de modo que los árboles representan el prototipo físico y etéreo en el cual los dioses pueden incorporar el espíritu.

Una vez más, la narración tiene un paralelismo con la Biblia. En el Génesis hay dos narraciones de la creación. La primera una creación espiritual; la segunda, la consolidación de las formas y la verdadera donación con el espíritu. Todo esto es, de todos modos, "no físico". Podemos decir que es el prototipo de lo físico. El hombre recién pasa a ser un ser terrenal con la Caída, con la tentación luciférica.

En la mitología nórdica no se narra la Caída. Los propios dioses dan al hombre todo lo necesario para su existencia terrenal.

Aquí existe cierta dificultad, ya que hay dos versiones de la narración. Las personalidades y sus dones son los siguientes:

1. Odín – Aliento y Alma.

2. Honir – Pensamiento y el poder de formar ideas.

3. Lodur – Sangre, Talla y Color.

1. Odín – Espíritu y Vida.

2. Vili – Movimiento e Inteligencia.

3. Ve – Talla, Oído, Vista, Habla

Percibimos inmediatamente que hay una trimembración aproximadamente equivalente a las tres fuerzas anímicas de pensar, sentir y querer. Tal vez había una diferencia en la sensación de los pueblos en cuestión, o experimentaban las deidades de distintos modos. (Más tarde Hoder parece ocupar el lugar de Honir y Loki el de Lodur. Esto significa que los sentidos pasan a ser orientados hacia lo material y el ser pasa a predominar en el calor de la sangre). En todo caso, estos dones denotan el advenimiento del Yo.

Ahora Midgard es creada para el hombre, es decir, él viene a la Tierra. Significativamente, Midgard está rodeada por un muro construido a partir de las cejas de Ymir. Esta región tiene especial significado, ya que los ojos del ser humano son el espejo de su alma. Es donde se expresa su humanidad. La parte superior de la cabeza se asemeja a la bóveda celeste, el cráneo de Ymir; la mandíbula se relaciona con Audumla, el sistema metabólico. Entre ambos hay un "medio".

Los dioses tienen su propio lugar para vivir: Asgard.

La región inferior se refiere, obviamente, al purgatorio. Es una creencia establecida que las almas de los muertos deben ser purificadas antes de que puedan progresar en el mundo espiritual. Los tormentos sufridos son verdaderamente aquellos que fueron autoinfligidos.

Yggsadril
El Árbol del Mundo

Después de la creación de los mundos y el hombre, una profetisa tuvo una visión. Ella vio un gran fresno rodeado de blanca niebla. Éste se extendía sobre todo lo que existía y todas las regiones del nuevo mundo estaban en él. Sus ramas más altas alcanzaban los cielos. Se llamaba Yggsadril.

Tenía tres raíces. Una llegaba a la fuente Hvergelmir, en Niflheim. Bajo esta raíz vivía el dragón Nidhogg, que la roía. También serpientes habitaban esta región. La fuente se alimentaba de las gotas de rocío que caían de la cornamenta del ciervo de Odín, que estaba en Valhalla. El ciervo se alimentaba comiendo las ramitas del gran árbol.

La segunda raíz se extendía hasta el pozo de Mimir de Jotunheim. Mimir podía recordar todo lo que había sucedido en el mundo y su sabiduría provenía de beber diariamente el agua de este pozo.

La tercer raíz alcanzaba Asgard y el pozo de Urd, cuidado por las tres parcas. Ellas eran conocidas como las Nornas y sus nombres eran Urd, Verdandi y Skuld. Urd

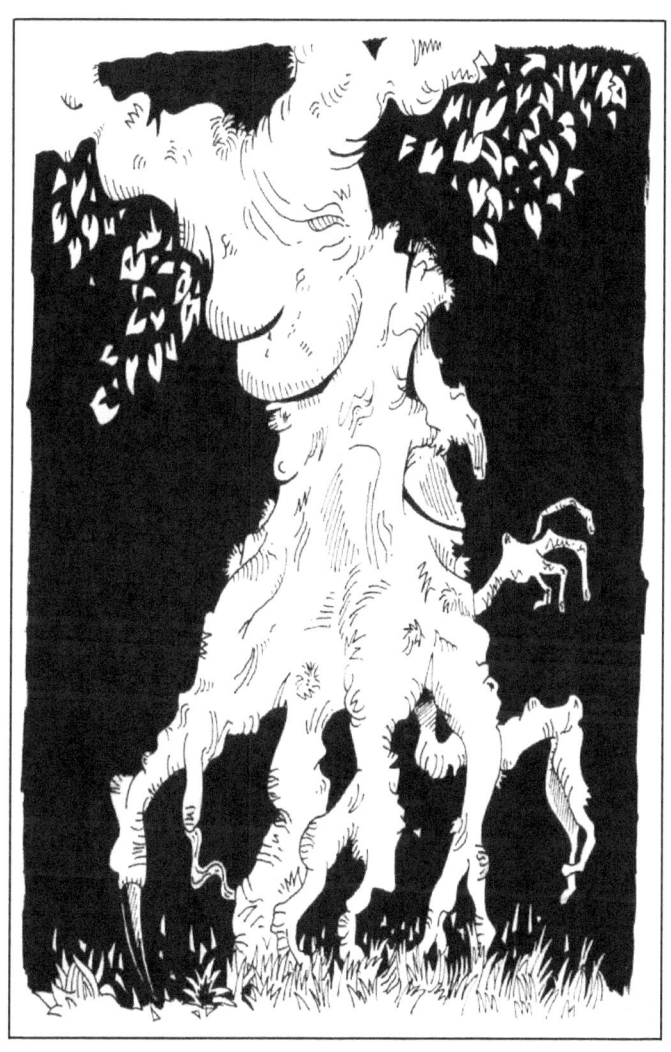

Sus ramas más altas alcanzaban el cielo. Se llamaba Yggsadril...

podía ver el pasado, Verdandi el presente y Skuld el futuro. Allí cerca, los Ases se reunían en la sala del consejo, el Palacio de la Justicia. El trabajo de las Nornas consistía en tejer el destino de los hombres. Ellas también rociaban diariamente el gran árbol con agua de su pozo y algo de esa agua goteaba a la tierra que se encontraba debajo, alimentando a todo ser vivo. Algunas gotas se transformaban en miel y las abejas se alimentaban de ella. En el agua flotaban un par de cisnes.

En la parte más alta de la copa del árbol había un águila, que observaba todo lo que sucedía y se lo relataba a Odín. Entre los ojos del águila se sentaba un halcón.

Una ardilla, Ratatosk, corría por el árbol, hacia arriba y hacia abajo, llevando insultos y sembrando discordia entre el águila y Nidhogg.

Nadie podría decir cuánto sufría este árbol. Cuatro ciervos pastaban en las ramas, comiéndose los brotes y dañándolo.

Muy escondidas en el árbol estaban las semillas del futuro. Cuando se preguntaba algo así como: "¿quién sobrevivirá al fin del mundo?", la respuesta era siempre: "Lif y Lifthrasir estarán en la arboleda de Mimir". Pero, ¿quiénes son Lif y Lifthrasir? ¿Y cuál era la arboleda de Mimir? Estos eran secretos en aquel tiempo, pero se decía que Lif y Lifthrasir eran los nombres de un hombre y una mujer, aún no nacidos, que iniciarían una nueva estirpe.

* * *

Según Rudolf Steiner, los pueblos nórdicos experimentaban el trabajo de las fuerzas del mundo espiritual en su organismo y eso es lo que refleja la imagen del árbol. Yggsadril es una imagen del árbol de la vida o del hombre, que debe encontrar en sí mismo la fuerza sobre la cual descansa el orden del mundo. Es una imagen de "Yo soy".

El fresno es un árbol bisexuado y el hecho de que se especifique un fresno significa que representa al ser humano masculino / femenino, y no solo al masculino. La blanca niebla es la niebla de la Atlántida y el árbol surge de ese entorno como representación del ser humano con su nuevo Yo "donado". La verticalidad es símbolo del Yo. El propio nombre, Yggsadril, significa portador del Yo. Las ramas más altas están en los cielos, es decir, las más altas facultades humanas son espirituales.

El árbol tiene tres raíces, cada una alimentada por una fuente. El hombre es trimembrado por naturaleza.

La cabeza y los doce nervios ya fueron mencionados. La raíz que se alimenta en Niflheim, en la fuente de Hvergelmir, representa el despertar de las fuerzas de la cabeza a la conciencia. Niflheim es el antiguo mundo de la Atlántida, de donde emigraron los pensadores de la cabeza. El origen de esta fuerza yace en el mundo espiritual, de ahí la imagen de los ríos alimentados por las gotas de la cornamenta del ciervo.

Nidhogg está royendo la raíz, estando presentes las serpientes. Esto nos recuerda la serpiente en el relato del paraíso, de cuya influencia resultó, entre otras cosas, la actividad sexual consciente. El dragón representa los peligros del exceso, de dejarse llevar por las pasiones del cuerpo, que afectan el pensar. La conciencia en la relación sexual conduce también a la conciencia tribal, una sociedad cerrada con un Yo grupal. Es un paso hacia la conciencia individual del Yo.

La segunda raíz conduce al pozo de Mimir, en Jotunheim (Mimir = memoria). El pozo contiene sabiduría primordial, conocimiento del origen de todas las cosas, es decir, la palabra creadora. Todas las cosas fueron creadas por el verbo divino, que se refleja en la capacidad de hablar del ser humano. El habla es algo que eleva al ser humano sobre el mundo animal, es decir, tiene relación con la conciencia del Yo. Odín debe reformarla para el nuevo ser humano en desarrollo y esa narración tendrá lugar en el momento apropiado.

Jotunheim es la tierra de los gigantes, es decir, de las fuerzas de la antigua Atlántida. Al cambiar a una nueva época se desarrolla la capacidad del habla. El habla está relacionada con el respirar, y el respirar con el sistema rítmico. Entonces ésta es una señal del hombre rítmico, los sistemas circulatorio y del tórax.

La tercera raíz está en Asgard, en el pozo de Urd. Es en ella que se forma el destino. Solo un ser que tiene Yo puede tener un destino, y su destino se relaciona con los dioses, de ahí la presencia del Palacio de la Justicia de los dioses en este lugar. El destino está formado por hechos, hechos de ramificaciones. El presente depende del pasado; el futuro del presente. Aquí se demuestra la ley del karma, es decir, los resultados de los hechos o actitudes en una vida (buenos o malos) exigen una recompensa en la próxima o en futuras existencias. Las Nornas riegan el árbol diariamente con el agua de su fuente y las gotas que caen del árbol proveen alimento para todos, es decir, el destino afecta a todos. La referencia a las abejas y la miel significa que el destino involucra metamorfosis. La presencia de cisnes representa la posibilidad de un desarrollo superior.

Cabeza, corazón y miembros: aquí están representados el pensar, el sentir y el querer.

El águila en la parte más alta del árbol representa la conciencia, y el halcón, la conciencia vinculada al mundo de los sentidos. La ardilla, con su subir y bajar, caracteriza la lucha entre la organización despierta de la cabeza y las regiones de la pasión, la lucha entre impulsos superiores e inferiores. Los ciervos que comen los brotes simbolizan las fuerzas astrales que destruyen las fuerzas vitales.

El hombre, el árbol, contienen facultades que aún no han sido desarrolladas, pero que se manifestarán en el correr del tiempo.

Asgard
El Hogar de los Dioses

Asgard era el hogar de los Ases. En Asgard había un palacio, donde los dioses a veces se encontraban, llamado Gladsheim (el Hogar de la Alegría), pero, cuando debían tomar decisiones importantes sobre el destino de los hombres, se encontraban en el pozo de Urd.

Odín era el más importante de los Ases. Tenía su propio palacio, conocido como Valhalla, el Palacio de los Caídos Elegidos. Lanzas rodeaban los muros; escudos de oro el techo. Cuando se había librado una gran batalla en la Tierra, Odín enviaba a sus doncellas de la guerra, las Valkirias, a traer a los héroes elegidos, es decir, a aquellos que habían muerto, pero que habían demostrado ser audaces y valientes. En Valhalla ellos participaban en banquetes y libraban luchas terribles entre sí, pero cuando sonaba el cuerno, anunciando la cena, todas las heridas sanaban. Allí vivirían ellos, hasta el Día de Ragnarok, cuando todo terminaría y volvería a empezar.

Odín tenía muchos nombres. El era el "Padre de Todos", "El Caminante", "El Viajante", "Aquél que Sabe", según lo que estaba haciendo y dónde estaba.

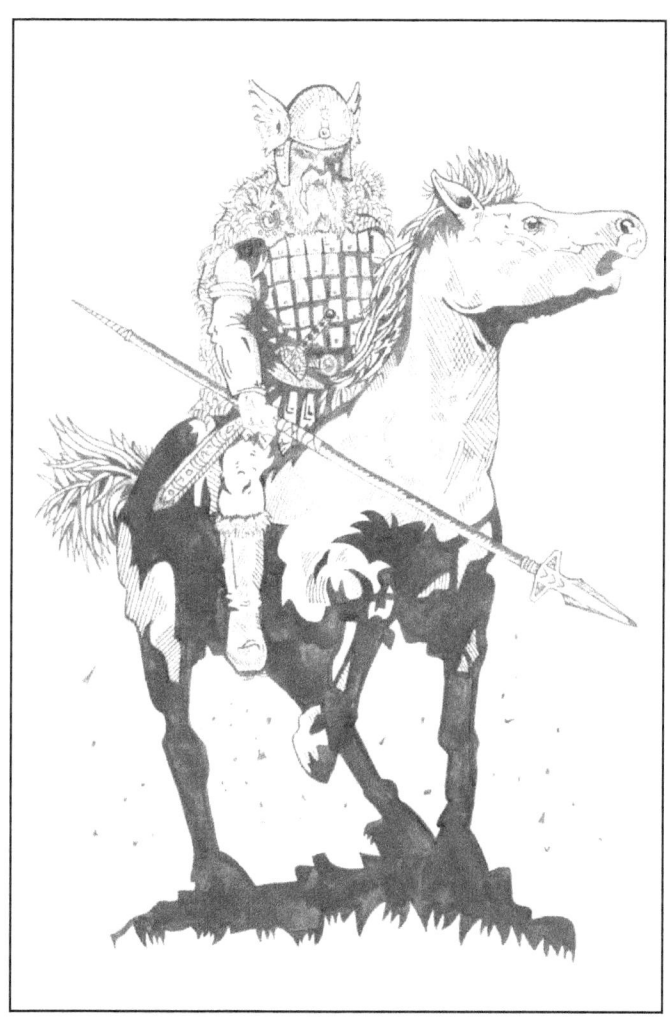

Odín tenía muchos nombres. El era el "Padre de Todos", el "Caminante", el "Viajante", "Aquél que Sabe"...

Dos lobos lo acompañaban. Él tenía un trono muy alto en Asgard, desde donde podía ver todo el mundo. Sobre sus hombros se apoyaban dos cuervos que lo mantenían informado de todo lo que sucedía.

La esposa de Odín era Frigga, la hija de uno de los dioses más viejos, los Vanes. Ella compartía el poder y la dignidad de Odín.

Los hijos de Odín y Frigga tenían sus propios salones o palacios. En total eran doce.

Thor era el menor y el más poderoso. Su esposa era Sif, la de la cabellera dorada. Thor luchaba continuamente contra los gigantes malvados y contra todos aquellos que deseaban destruir la ley de los dioses. Tenía un cinturón de fuerza y, cuando se lo ponía, podía caminar por el agua, que nunca subía más allá de su cintura. El cinturón también doblaba su poder. Tenía un martillo mágico llamado Mjölnir (el Triturador), al que los gigantes temían. Él podía arrojarlo y aplastar cualquier cosa que alcanzara, y luego éste retornaba a su mano. También tenía un par de guantes de hierro, que usaba cuando iba a luchar en una batalla. Su carro era tirado por dos cabras.

Su finca era llamada Thrudwang, la "Pradera del Valiente". Su palacio era Bilksbirne, que significa "buen tiempo".

Thor era el protector del hombre común. No le preocupaba el rango sino las cualidades de fuerza y valor de cada individuo. Él era el patrono de los granjeros de honor. Cuando tronaba o relampagueaba, los hombres nórdicos creían que era Thor que estaba cabalgando.

El más amado de los dioses era Baldur, Baldur el Hermoso, y su esposa Nanna. Su rostro era como el día luminoso. Él era siempre amistoso, nunca maldecía y nunca hablaban mal de él. Del mismo modo que irradiaba un aura de alegría y luz, Baldur era también sabio. Mientras Baldur vivió los hombres podían conversar con los dioses, pero llegaron los tiempos del mal…

El palacio de Baldur era Breidablick, que significa "una visión amplia", y era el más hermoso de Asgard. Él tenía un hijo, Forseti, el Justo.

Tyr era el dios de la guerra, el más valiente de todos los dioses. Los pueblos nórdicos pedían su ayuda cuando iban a una batalla. Él llevaba una espada en su mano izquierda, pues una aventura –que ya será narrada– le había costado su mano derecha.

Otro hijo de Odín era Bragi, músico y poeta. Su esposa era Iduna, quien cuidaba las manzanas de oro. Esas manzanas daban a los dioses fuerzas de rejuvenecimiento. Cuando alcanzaban la vejez, las manzanas los rejuvenecían.

Hoder era el hijo ciego de Odín; Ull, el dios del tiro con arco y del esquí.

Vidar era llamado "el Silencioso" y servía a los demás.

En la jerarquía de los dioses, Heimdall ocupaba un lugar especial. Él vigilaba el puente del arco iris, e hizo sonar su cuerno de modo que lo oyera el mundo entero en el día del juicio final. Se decía que era hijo de nueve madres. Tanto de día como de noche, él podía ver movimientos que ocurrían hasta a cien leguas de distancia.

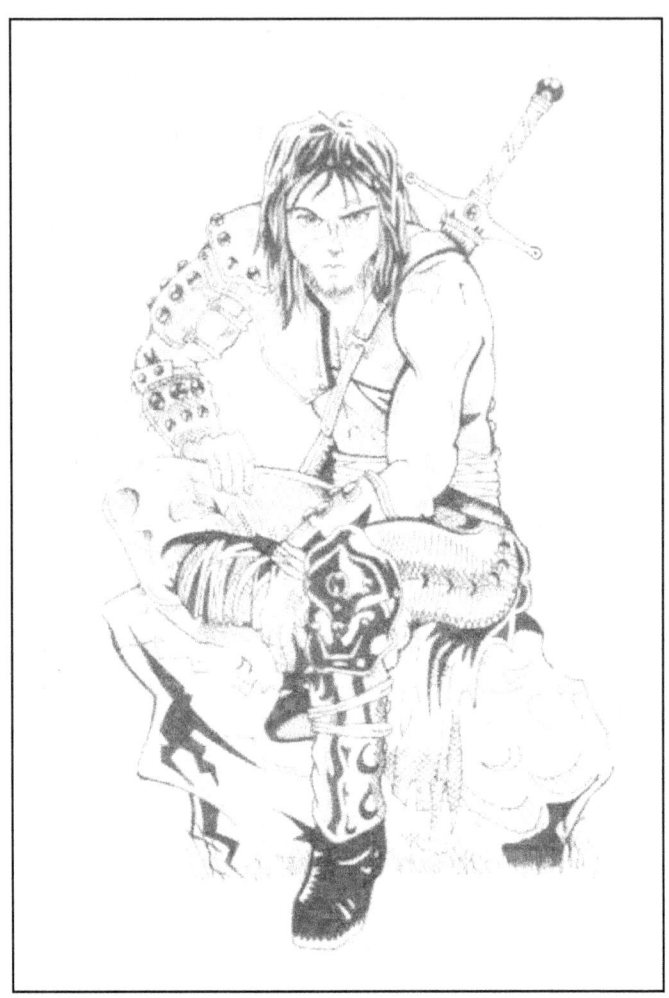

Del mismo modo que irradiaba un aura de alegría y luz, Baldur era también sabio. Mientras Baldur vivió, los hombres podían conversar con los dioses, pero llegaron los tiempos del mal…

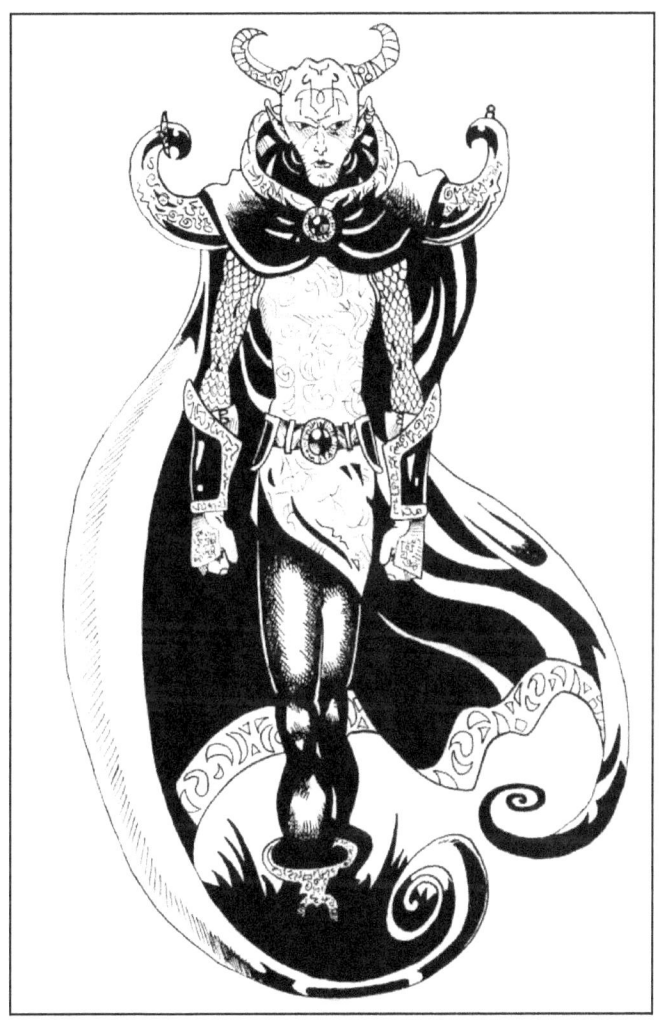

Había otros dioses en Asgard. Uno era Loki, el embustero, del cual debemos narrar muchos relatos...

Dormía menos que un pájaro y podía escuchar el sonido del césped creciendo, así como el del crecimiento de la lana en el lomo de una oveja. Su palacio era Himinbjorg, que significa "precipicios del cielo".

Había otros dioses en Asgard. Uno era Loki, el embustero, del cual debemos narrar muchos relatos. Él era un pariente lejano de Odín, y por eso reclamaba el derecho a vivir allí. Njord y sus hijos, Frey y Freya, también vivían en Asgard, y otros cuentos nos permitirán saber cómo llegaron allí, pero lo que sigue se puede decir sobre ellos ahora.

Njord tenía poder sobre el viento, las olas y el fuego. Era rico y podía dar a sus amigos finos regalos de la tierra y el mar. Frey regulaba los cambios en el estado del tiempo, la lluvia y el brillo del Sol, el crecimiento en los campos, y también influía en los deseos humanos. El trabajo en la casa y en los campos era exitoso con la bendición de Frey. Él tenía una espada que luchaba por sí sola y un maravilloso barco llamado Skidbladnir. Frey podía viajar con él a través del aire.

Freya era su hermana, la más hermosa de los dioses. Tenía un maravilloso collar llamado "Brisingamen", es decir, collar de fuego, así nombrado por la estirpe de enanos que lo creó, y por este tesoro, ella también tenía otro nombre, "Menglad", que significa "contenta con el collar".

* * *

La ciencia espiritual nos enseña sobre seres superiores al hombre, que viven en regiones espirituales, pero eso no es nuevo. Todos los pueblos primitivos y civilizaciones pasadas tuvieron sus "dioses". Lo diferente es cómo se los entiende y la nomenclatura.

En la Biblia encontramos nombres de muchos de los seres superiores –Ángeles, Arcángeles, Principados, Potestades, Dominios, Querubines, Serafines – que tienen diferentes rangos y diferentes funciones. Ellos trabajan desde diferentes regiones.

El Dr. Steiner nos relata que la conciencia clarividente de los pueblos nórdicos alcanzaba a percibir a los ángeles y arcángeles. Estos eran sus "dioses", los así llamados "Ases", que guiaban a las estirpes y las educaban. A ellos concernía el despertar del Yo individual en el hombre. Ellos sabían que el comer del Árbol de la Sabiduría era un paso necesario en la evolución del hombre. La historia muestra el desarrollo de la conciencia individual a partir de la conciencia grupal y los pueblos nórdico-germánicos experimentaban la presencia de los seres que les dieron potencialidades psíquicas y conciencia del Yo. Los regalos de Odín, Honir y Lodur ya fueron mencionados.

Es función del ángel el guiar al hombre individual. Es función del arcángel el guiar la estirpe. Los arcángeles son, en el más estricto sentido, los espíritus populares de los pueblos. Ellos trabajan dentro de un área determinada, con un pueblo determinado.

Es difícil pensar en mundos superiores sin pensar en ellos espacialmente. Para nuestras mentes, el cielo está arriba y el infierno abajo, a pesar de que, por supuesto, existan en una dimensión totalmente diferente. De modo similar, los pueblos nórdico-germánicos imaginaban a sus dioses en un lugar concreto, con sus propias moradas. Lo llamaban Asgard, el reino de los Ases, y se conectaba a Midgard mediante un puente de arco iris, custodiado por Heimdall, el Vigía.

En la narración bíblica del Diluvio, aparece un arco iris por primera vez en la historia. Ver los colores del arco iris implicaba un cambio en la percepción. Se está desarrollando el mundo de los sentidos y la clarividencia, es decir, el vivir con los dioses, está desapareciendo.

En la versión nórdica, los dioses se retiran a su propio reino. Cielo y tierra son ahora entidades separadas, pero el arco iris todavía es un eslabón que mantiene el vínculo. Los Ases pueden cruzar el puente hacia Midgard, pero ningún hombre puede cruzarlo en la dirección contraria. Midgard, el mundo físico, era la morada creada para el hombre.

El puente de arco iris debe ser vigilado, de tal modo que la humanidad pueda desarrollarse en Midgard, la nueva tierra, donde la conciencia despierta para el mundo físico y donde se desarrollan nuevas fuerzas de pensamiento y percepción sensorial. Los gigantes, por supuesto, es decir, las fuerzas retardadoras, querrán tomar por asalto a Asgard, lugar de donde viene la nueva inspiración, pero es tarea de Heimdall prevenir estos ataques.

Del mismo modo que los seres espirituales trabajan en los mundos superiores desde diferentes direcciones del Cosmos, los pueblos nórdicos experimentaban a sus dioses viviendo en diferentes "palacios".

Odín tenía el famoso Palacio de los Caídos Elegidos, Valhalla, pero Odín tenía también un alto asiento en Asgard, desde donde podía inspeccionar el mundo. Sus dos cuervos simbolizan el poder del pensar y el poder del recuerdo espiritual. Su esposa, Frigga, representa a la Madre Tierra.

En su libro de relaciones kármicas, Rudolf Steiner describe el trabajo del Arcángel Miguel en el mundo espiritual, como la recolección y educación de determinadas almas para una futura misión en la Tierra. La misma idea se aplica a Valhalla. Aquellos caídos en la lucha no usaron totalmente sus fuerzas vitales y esas fuerzas regresan a la estirpe. Las Valkirias son los ángeles de la guarda. Ellas regresan al mundo espiritual a aquellos que murieron y las almas elegidas son educadas por Odín para una misión futura.

Odín tiene muchos nombres porque él desempeña muchas funciones, o porque se ajustan a sus múltiples hazañas. En su papel de autoridad máxima es llamado "Padre de Todos". Él es conocido por muchos pueblos, cada uno de los cuales le da su propio nombre. Su tarea es despertar las fuerzas del pensar, activar la vida anímica, desarrollar el intelecto. Es su actividad continua la que hace que Baldur tenga pesadillas.

Thor es caracterizado como un tipo tosco, ruidoso, fuerte, con una barba roja y gran apetito. Es difícil imaginarlo como una figura angelical, como lo sugiere Rudolf Steiner. De todos modos es obvio que está estrechamente vinculado al ser humano individual, y los cuentos populares sobre él muestran cuánto afecto se le tenía. Él es el intermediario entre el Espíritu Popular y el individuo. Los pueblos nórdicos experimentaban el nacimiento de la conciencia del Yo como una influencia de Thor. Ellos sentían la pulsación de su sangre como el golpear del martillo. El latido del corazón se relaciona con la circulación de la sangre; las fuerzas del corazón con el coraje. Thor es un colérico, lleno de voluntad y de fuerzas vitales.

Cuando él arroja su martillo, éste regresa a él. Ésta es una imagen de la sangre que fluye a las extremidades y regresa. Thor debe cruzar ríos en sus viajes; nuevamente, una imagen de la sangre que fluye.

La sangre es hierro, de aquí el simbolismo del martillo de hierro y los guantes, hechos de hierro. Frecuentemente Thor se enoja, "le hierve la sangre". Sus fuerzas son las del Yo. Su tarea es proteger, establecer el orden. Está en una lucha eterna con los gigantes; ésta es una imagen de las fuerzas del Yo afirmándose contra los poderes de una época pasada, que pueden impedir el desarrollo humano. El Yo es la adquisición humana más reciente, de aquí que Thor sea el hijo menor.

Thor tiene un cinturón de fuerza, es decir, el soporte del macroCosmos. Su carro es tirado por dos cabras, símbolo de la búsqueda del conocimiento terrenal.

Así como una tormenta interna limpia el alma, una tormenta externa limpia la atmósfera, de ahí la creencia de que Thor se manifestaba en el trueno y el rayo.

Thor está casado con Sif. Sif se relaciona con la palabra germana "Sippe", que significa "tribu". Sif representa el alma grupal. La experiencia del Yo existió primero en el grupo, después se hizo individual. Promover esto último es tarea de Thor.

En Baldur se representa la experiencia de la conciencia clarividente; en la tragedia de su muerte, la pérdida de la visión espiritual. Sus pesadillas se debían a esta próxima pérdida. Su influencia era sanadora. Es interesante comentar que la manzanilla, en una época, fue llamada en Alemania "ceja de Baldur". La manzanilla tiene gran concentración de luz y calor y es eficaz contra las inflamaciones.

Bragi, el poeta y músico, se inspiraba en su esposa Iduna. Sus manzanas representan las fuerzas del alma humana, que todavía puede estar en íntima comunión con los dioses. Su amor por Bragi da a él "alas de inspiración".

Hoder, el dios ciego, representa lo físico totalmente separado de lo espiritual. Cuando la naturaleza se conquista a través del intelecto, desaparece la visión espiritual.

Vidar es la figura más enigmática. Él es quien eventualmente supera el que es conquistado por Odín. Él es un sobreviviente y un re-creador. Suyo es el futuro. En Asgard él es "el Silencioso" y el siervo de los demás.

Heimdall se caracteriza por tener sus sentidos terrenales muy bien desarrollados. Las nueve madres harían referencia a las nueve musas, es decir que él es una figura de gran sabiduría e importancia. En un contexto terrenal, él sería un gran iniciado; dicho de otro modo, un ser espiritual de alto rango.

Loki es el Lucifer nórdico, el ángel caído; de ahí que él pueda alegar tener relación con Odín. Su papel queda claro en muchas narraciones a su respecto.

Njord, Frey y Freya tienen un cuento sobre ellos.

En la mayoría de las versiones de la mitología nórdica, Mimir es descrito como un gigante. No obstante, él es una figura muy diferente y su papel queda más claro cuando no se lo asocia a ellos, por eso se lo llama en este relato "el Anciano". Su significado fue mencionado en el relato de la Creación y él también aparece en otros relatos.

La Trova de Loddfafnir

Midgard era la región asignada a los seres humanos. Ellos eran ayudados y educados de varias maneras, tanto por dioses como por hombres inspirados por los dioses. Un profesor así inspirado se llamaba Loddfafnir, que quiere decir "el que mata al dragón".

Un atardecer, Loddfafnir fue invitado a una reunión de hombres y mujeres, en la casa de un granjero. Él les hablaba y explicaba cómo se había sentado en el "Palacio del Alto" y escuchado las runas; en ese momento él les repetiría lo que había escuchado.

"Sean cautelosos al levantarse en la noche. Tengan cuidado con las brujas y hagan caso a sus promesas. No seduzcan a la mujer de otro hombre. Lleven alimento suficiente para los viajes. No confíen en hombres malvados. Busquen uno sabio y aprendan sus hechizos para sanar. No usen palabras que expresen enojo. No tomen parte en la maldad. Mantengan sus promesas. No se burlen de nadie. No desprecien lo viejo. Sean generosos. Usen lo semejante para curar lo semejante en la enfermedad".

"Estas palabras son para el bien de los hombres y la maldición de los gigantes".

* * *

Loddfafnir significa "el que mata al dragón". Matar al dragón (de nuestros propios bajos impulsos) es el primer paso hacia la iniciación. Esta "trova" es un camino de instrucción.

En tiempos anteriores, el alma podía ser fácilmente influenciada por los seres oscuros de la noche, por ello es necesario el cuidado. El neófito debe protegerse de la influencia de los poderes malignos; debe vencer sus propias pasiones inferiores y urgencias; debe distinguir entre bueno y malo; reconocer lo que es bueno y actuar positivamente. Además, se lo alerta para usar el camino homeopático para sanar.

Las fuerzas del Yo deben fortalecerse.

Cómo Odín Obtuvo la Sabiduría

Para ayudar al pueblo de Midgard, Odín buscaba obtener sabiduría, aún si esto significara penurias y sacrificio de su parte.

Un día él buscó a Mimir y le pidió un trago del agua de su pozo, pero el Anciano se negó, diciendo que solo él o los de su estirpe podían beberla. Odín insistió y ofreció pagar cualquier precio por ello. Sin imaginar que el visitante aceptaría, el Anciano sugirió un ojo como pago. Inmediatamente Odín se sacó un ojo y se lo dio, recibiendo a cambio un cuerno del precioso líquido. Lo bebió y ello le dio gran sabiduría: el conocimiento de la sabiduría que vive en los sonidos del habla.

Su ojo fue colocado en el fondo del pozo. El agua se volvió más poderosa, y al beberla, la sabiduría de Mimir se incrementó aún más.

En otra oportunidad, Odín se obligó a estar colgado durante nueve días y nueve noches en las altas ramas de Yggsadril, el Árbol del Mundo. Nadie le llevó comida o vino. Una lanza lo perforaba. Se sintió conducido lejos, a esferas superiores, donde aprendió muchos secretos. Aprendió que el mundo y el hombre habían sido formados mediante el poder mágico del verbo divino y que él mismo podía usar el poder de la palabra para sanar, para apagar fuegos, para burlar el mal y para calmar tiempos tormentosos.

Se dio cuenta de que, para enseñar al hombre el uso de la palabra, él debería obtener el Aguamiel de la Poesía. Cómo lo logró, se narra en la historia de Kvasir.

Cuando se cumplieron los nueve días, Mimir lo liberó, le recordó todo lo que había experimentado y pasó a ser su maestro.

* * *

Los hombres nórdicos designaban a Odín "El Señor del Poder del Lenguaje", el "Maestro de las Runas" y lo veían como el creador del habla. Ellos lo experimentaban en el elemento del aire, en los vientos en su exterior, en el aliento en su interior. Cuando Odín adquiere la sabiduría, se trata esencialmente de su obtención del conocimiento del habla y del lenguaje. Hay tres etapas y tres historias, pero es difícil traerlos en una secuencia lógica, ya que los sucesos se entremezclan.

Una historia dice que a través del sacrificio de su ojo, Odín obtuvo un trago del pozo de Mimir. Otra dice que recibió el trago mientras colgaba del Árbol del Mundo. También se menciona que bebió Aguamiel de la Poesía cuando colgaba del árbol, a pesar de ser esa una historia aparte y se dice que no bebió nada refrescante allí.

También es difícil saber si el Odín con quien estamos tratando es un ser puramente espiritual, si sus hazañas son puestas en un contexto humano o si lo consideramos como un iniciado encarnado.

Odín dio el alma al hombre. Tener un alma significa tener vida interior. Los Ases se ocupan del desarrollo del hombre hacia la conciencia del Yo. La siguiente etapa en ese camino es que el alma tenga los medios para expresarse. El habla es el medio. Por ello, Odín se ocupa de dar al hombre el poder del habla. Para hacerlo debe adquirir nuevos poderes, poderes relacionados con el entendimiento humano. Esto requería sacrificio de su parte.

Según Rudolf Steiner, ese sacrificio consistía en renunciar a avanzar a un rango más alto en el mundo espiritual. Esto se expresa simbólicamente en la renuncia a su ojo.

En el cuento, tal como lo tenemos nosotros, Odín entrega su ojo en el pozo de Mimir a cambio de la sabiduría. (Esto, en sí, es un reflejo de la evolución del ser humano. En tanto que dioses y hombres se desarrollan juntos, este acto significa que la humanidad pierde la visión clarividente. La pérdida de la clarividencia está en el plan de la evolución, para dar lugar al aprendizaje a través de los sentidos. Esto es parte de un paso hacia la independencia, que solo puede surgir al romperse la conexión directa del hombre con los dioses).

Mimir es reacio a desprenderse del agua y desde su punto de vista, con toda la razón. Él es el cuidador de la memoria del mundo y debe preservar lo que es sagrado, pero no conoce el futuro, donde aparentemente cosas "no sagradas" deben suceder.

El sacrificio de Odín aumenta las capacidades de Mimir quien, a su vez, ayuda a Odín. Se dice que el ojo yace en el fondo del pozo y Mimir bebe diariamente de su agua, por lo que se vuelve más sabio.

La nueva sabiduría que obtiene Odín se relaciona con el habla. Beber el agua del pozo de Mimir, el pozo del recuerdo, significa una iniciación. Odín aprende los misterios de la creación a través del verbo divino. Aprende que la palabra tiene poder creador y que él mismo puede usar ese poder. Él obtiene el conocimiento de la sabiduría que vive en el sonido de la palabra hablada.

La historia de cuando se colgó del árbol representa una iniciación posterior. "Colgar del Árbol" significa una estadía en un mundo superior. Sufrimiento y privación traen conocimiento. Odín aprende a usar el poder que vive en el habla. El habla humana es transportada en el aliento. El aliento debe ser introducido en el cuerpo para poder transportar el habla. Esto es lo que él siente como la lanza.

Que él hable del Aguamiel de la Poesía (tema de otro cuento, Kvasir) mientras está en el árbol puede ser un anticipo de sucesos que vendrán.

El hombre clarividente de los tiempos de la Atlántida experimentaba los sonidos ocultos que resonaban en la naturaleza. Se le había dado el don de tener enormes poderes de memoria. Recordar y repetir tonos condujo al desarrollo del habla. Era tarea de Odín influir en el desarrollo humano de tal modo que esos tonos pudieran pasar a ser habla formada de manera consciente.

La Guerra entre los Ases y los Vanes

Una estirpe de dioses más antigua que los Ases era la de los Vanes. Su hogar estaba en una región mucho más allá de la parte más alta de Yggsadril. Ellos actuaban sobre todo lo que crece y vive, en el viento, el calor, la germinación de las semillas, la savia de los árboles y también, por supuesto, en el género humano. Los Ases, a su vez, actuaban en el pensamiento, el sentimiento y la voluntad humanos.

Una visitante de los Vanes, llamada Gullveig, fue una vez a Asgard y no habló de otra cosa que la edad de oro. Los Ases pensaron que ella quería dificultar su trabajo, e intentaron librarse de ella, pero fue imposible. La arrojaron al fuego tres veces, ella se quemó tres veces, pero las tres veces revivió. Loki comió parte de su quemado corazón. Sin embargo, Gullveig resucitó, permaneció en Asgard, se cambió el nombre, pasando a llamarse Heid, y se transformó en una bruja.

Los Vanes se enojaron por la manera como había sido insultada su mensajera y juró venganza. Así estalló una guerra, pero pronto fue evidente que ninguno vencería y, con creciente fatiga, ambos contendientes pidieron tregua. Declararon la paz e intercambiaron rehenes. Njord y Heimdall pasaron a vivir en Asgard y pronto fueron aceptados como parte de los Ases.

Honir y Mimir fueron a Vanaheim, pero los Vanes no estaban contentos con sus huéspedes. Honir parecía nunca ser capaz de responder correctamente una pregunta y siempre decía: "pregunten a Mimir". Los Vanes se dieron cuenta de que Mimir no era un verdadero miembro del los Ases y comenzaron a verlo como un hechicero. Sintieron que habían sido engañados. Lo decapitaron y mandaron su cabeza de vuelta a Asgard. Odín la untó con hierbas para conservarla y cantó hechizos sobre ella de modo que el poder del habla volvió a ella. Así, la sabiduría de Mimir pasó a Odín.

* * *

Los Vanes eran los dioses activos en las lejanas épocas atlantes, antes de que otros dioses intervinieran en la naturaleza anímica del hombre. La guerra entre los Ases y los Vanes representa los conflictivos intereses referentes al futuro del ser humano. Los Vanes son deidades que se ocupan de los ritmos cósmicos a los que el hombre se encuentra expuesto, pero que lo afectan de modo subconsciente. Los Ases se ocupan del alma humana y su llegada a la autoconciencia.

La visitante representa las fuerzas suprasensibles anteriores y cuando ella habla de una época de oro, se refiere a la edad de la inocencia, antes de la Caída. Sin embargo, ya que ella trae ahora fuerzas correspondientes a un tiempo anterior, que no fueron transmutadas y, por consiguiente, ya no son apropiadas, ella se transforma en una bruja. Cuando Loki participa de su carne, significa que él puede hacer mal uso de los poderes suprasensibles. Históricamente, la visita señala el fin de la época de oro.

Los Ases conducían al hombre de la dependencia de los dioses a la independencia, y el camino conduce a través del contacto con el mundo físico. Por eso ellos no tienen paciencia con quien continuamente habla de tiempos pasados. Hay un conflicto, pero los dioses también evolucionan y se da un acuerdo final. Se intercambian rehenes. El significado de esto es que, a partir de ese momento, comienza un trabajo conjunto. El hecho de que Njord deje Vanaheim significa que va a ocurrir un cambio en la forma de reproducción. Njord representa las fuerzas reproductivas que ahora serán regidas por condiciones diferentes.

En la época de oro no había sexualidad consciente. La concepción sucedía en un estado de sonambulismo, bajo influencia divina, y de ahí que se podía decir de una mujer que "ella no conoció ningún hombre". La gente vivía de acuerdo con los ritmos cósmicos y, como la mayoría de los animales hoy en día, la concepción solo tenía lugar en determinados momentos.

El impulso de reproducirse ya no será externo, sino interno. Se transforma en acto consciente cuando Njord va a vivir a Asgard.

Heimdall ya fue mencionado como un ser espiritual de alto rango, el que, a pesar de ser uno de los Vanes, actuaba en el mundo sensorial. Obviamente, había cambiado su naturaleza y podía, por eso, sentirse en su casa en Asgard.

Honir y Mimir van a Vanaheim, el hogar de los Vanes. Honir, quien había dado la mente al primer hombre y a la primera mujer, representa una parte del ser humano que fue retirada del enredo con los sentidos; el Yo superior, que es conservado para el advenimiento de un nuevo impulso espiritual posterior. Él era "inocente", por eso no podía responder las preguntas de manera adecuada.

Mimir, como portador de la memoria del mundo, está a gusto en cualquier ámbito, y por eso no era verdaderamente un rehén. Cuando los seres humanos pierden la visión espiritual, ese evento es descrito como si los dioses se hubieran retirado. De modo similar, Mimir: memoria cósmica, percepción espiritual, se retira más del mundo terrenal.

La decapitación de Mimir por los Vanes es la manera nórdica de expresar que la memoria cósmica ya no está al alcance del ser humano, el ser humano perdió el contacto con el mundo espiritual. No obstante, la realidad cósmica aún existe y Odín la "embalsama". La cabeza podía hablar a Odín, es decir, Odín tenía la facultad de la comprensión, había aprendido el lenguaje cósmico.

Kvasir y el Aguamiel Mágica

El fin de la guerra entre los Vanes y los Ases fue celebrado con una gran fiesta. No solo intercambiaron rehenes, sino que para sellar su tratado de paz, todos ellos escupieron en una gran jarra y, de esta saliva, los Ases formaron un hombre que llamaron Kvasir. Como él recibió algo de tantos, su sabiduría era interminable. Se transformó en poeta.

Las narraciones sobre la sabiduría de Kvasir alcanzaron los oídos de los enanos malvados, Fjalar y Galar. Ellos invitaron a Kvasir a que los visitara y aconsejara. Entonces lo asesinaron. Mezclaron miel con su sangre y así prepararon un aguamiel mágica, que tenía el poder de transformar en poeta a cualquiera que bebiese de ella.

Un día los enanos invitaron a un gigante y su esposa a que los visitaran. Ellos riñeron y los enanos organizaron las cosas de tal modo que el gigante murió ahogado y su esposa murió aplastada por una roca. Pero los gigantes tenían un hijo, Suttung, que desconfiaba de la desaparición de sus padres. El amenazó a los dos enanos con ahogarlos si no decían la verdad. Ellos estaban tan asustados que confesaron lo que habían hecho, y para compensarlo le ofrecieron el aguamiel mágica. Suttung llevó el aguamiel a una cueva en las montañas y puso a su hija, Gunnlod, a custodiarlo.

A diferencia de los enanos, Suttung se vanaglorió de su tesoro y Odín, que supo del mismo, decidió que él debía conseguirlo, en beneficio de la humanidad. Disfrazado de labriego, Odín se dirigió a las tierras en el límite de Jotunheim, donde vivía Baugi, el hermano de Suttung. Encontró a nueve hombres segando y les preguntó si les gustaba trabajar para un gigante. Ellos respondieron que tenían dificultades en mantener las guadañas afiladas. El labrador tomó una piedra de afilar de su cinturón y se ofreció a afilarlas. El efecto fue tan bueno que ellos quisieron comprar dicha piedra. Odín la arrojó por los aires, para que el mejor de los hombres la tomara, pero en medio de la confusión los trabajadores se mataron unos a otros. Entonces Odín recogió la piedra y siguió su camino.

Llegó a la casa de Baugi y este se quejó de la pérdida de sus labradores y, como consecuencia, del fracaso de la cosecha de sus granos. Odín se ofreció para hacer el trabajo a cambio de la ayuda de Baugi para obtener el aguamiel de Suttung. Se pusieron de acuerdo, Odín cosechó los granos y Baugi pidió a su hermano un cuerno de aguamiel. El pedido fue en vano.

Odín le pidió que lo llevara a la montaña donde estaba guardada el aguamiel. Sacó un talismán de su bolsillo y ordenó a Baugi que hiciera un hoyo. Cuando estuvo pronto, Odín se transformó en una serpiente y se deslizó por el mismo, arrastrándose hasta la cámara del tesoro y, una vez allí, se transformó en un joven y buen mozo gigante. Gunnlod se encantó con él y no pudo

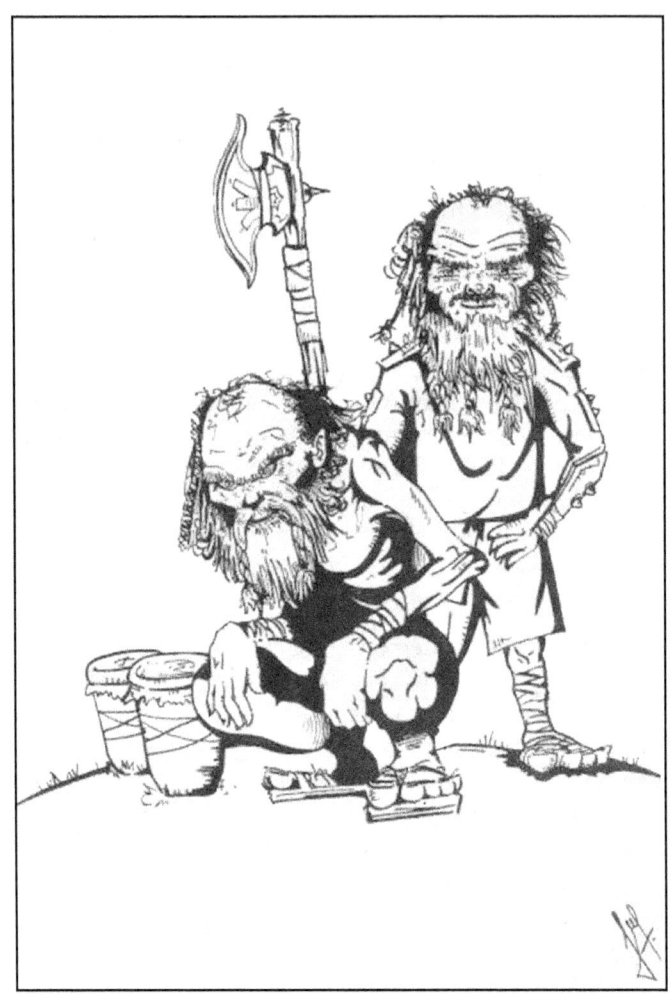

Las narraciones sobre la sabiduría de Kvasir alcanzaron los oídos de los enanos malvados, Fjalar y Galar. Ellos invitaron a Kvasir a que los visitara y aconsejara...

resistir a las insinuaciones del guapo forastero. Ella estaba tan enamorada que, cuando él le pidió un trago del aguamiel, ella se la dio inmediatamente. Había tres jarrones llenos y él vació los tres. Entonces, él le pidió ver el cielo, pero en cuanto Gunnlod abrió la puerta que estaba en la parte superior de una rendija entre las piedras, Odín se transformó en un águila y se fue volando.

Suttung lo vio y se dio cuenta de lo que había sucedido. Se transformó también en águila y lo persiguió. Mientras tanto, los Ases esperaban en los muros de Asgard y vieron las dos águilas volando hacia ellos, una tras la otra. Entonces los dioses colocaron dos vasijas de oro en el patio.

La primer águila se largó en picada, pasando sobre el muro, y escupió el aguamiel de la inspiración en las vasijas y, en un relámpago, volvió a ser Odín. La segunda águila chilló, dio media vuelta y se fue.

Los Ases bebieron del aguamiel y se la entregaron a los habitantes de Midgard. Todo aquél que de ella bebía, se transformaba en un poeta.

Odín había tenido dificultades para transportar el aguamiel, y parte de ésta pasó por él y cayó del lado de afuera del muro; quienquiera que bebiera de ella, solo podía componer versos de baja calidad.

* * *

En la época de los Vanes, las fuerzas del habla y de la reproducción estaban estrechamente vinculadas. En el curso de la evolución, la constitución humana sufrió cambios físicos. Almas y cuerpos humanos se volvieron menos maleables. El habla se desarrolló a través de la laringe y la reproducción, a través de los órganos sexuales. (La relación entre estos órganos se manifiesta en el cambio en la voz masculina durante la pubertad).

Esta narración está relacionada con el desarrollo de la laringe.

Después de la guerra entre los Vanes y los Ases, todos los dioses escupieron en una jarra. En la saliva hay fuerzas curativas, por lo tanto, ésta es una señal de conciliación. Pero la saliva se relaciona con el habla. Es imposible hablar con la boca seca, y el salivar de los dioses es la imagen del trabajo de los poderes divinos en la formación de los órganos del habla. Kvasir es el producto de muchas gargantas divinas. Transformarse en poeta significa tener la habilidad de hablar.

Kvasir no es un personaje de ese tipo, pero representa el poder del habla primitiva, que creó y unió todas las cosas. Por ello, él es un símbolo de paz.

El arte del habla pertenece al ser humano dotado del Yo. Los Ases son los dioses que conducen al hombre a la autoconciencia y le dan la habilidad de expresarse. Esto es una parte del desarrollo del Yo. Los Ases crean a Kvasir. Él encarna lo que Odín había aprendido en el pozo de Mimir y en el árbol.

Fuerzas malignas, que debemos describir como ahrimánicas, (caracterizadas en la historia de la construcción del muro de Asgard) están actuando. Su objetivo es frustrar las metas de los dioses y ganar poder para sí mismas. Por ello la imagen de los enanos asesinando a Kvasir y mezclando su sangre con miel. La miel simboliza un proceso de metamorfosis. De ese modo se prepara el aguamiel mágica.

Así se transforma el poder del habla que los dioses habían querido. En vez de Kvasir, hay un aguamiel hecha a partir de su sangre. El lenguaje perdió su capacidad creadora; se transforma en una abstracción, en medio de comunicación, en una cáscara. En lo sucesivo se pierde la naturaleza universal del lenguaje y habrá confusión y distanciamiento entre los hombres. El aguamiel está contaminada. Sin embargo, esto yace en el destino de la humanidad y Odín no puede desvincularse de ello.

Las fuerzas retardadoras, bajo la forma de Suttung, intentan hacer retroceder la evolución y Odín debe superarlas.

El modo como lo hace representa un proceso de iniciación: tentaciones que deben ser vencidas, forma de serpiente (un símbolo de iniciado), penetración en la montaña, tres días de permanencia y el escape como águila.

De esa manera Odín lleva el aguamiel a Asgard. Los Ases la entregan a los hombres. Ellos reciben el don del habla y la laringe se transforma en su instrumento.

Las Manzanas de Iduna

Una vez, un bote navegaba hacia Midgard y un joven, tocando un arpa de oro, salió de él. Los Ases escucharon la música y cruzaron el puente del arco iris para encontrarse con el juglar. No obstante, antes de que se encontraran, se abrió la tierra y de ella salió una hermosa doncella, la hija de Ivaldi, el enano, sujetando un cofre de oro lleno de sonrosadas manzanas. El juglar tomó su mano y caminaron juntos hacia los Ases.

Cuando se encontraron, el juglar dijo: "Salud, Señores de Asgard. A pesar de que vengo de Jotunheim, yo soy uno de ustedes, pues Odín es mi padre. Mi nombre es Bragi. Mi madre es Gunnlod, la primera cuidadora del aguamiel mágica. Yo vine a cantar y actuar para ustedes. Esta es mi novia, Iduna, que trae las Manzanas de la Juventud."

Así, Bragi e Iduna se instalaron entre los Ases e Iduna les daba sus manzanas. Por más manzanas que les diera, el cofre siempre estaba lleno y los Ases se mantenían jóvenes.

* * *

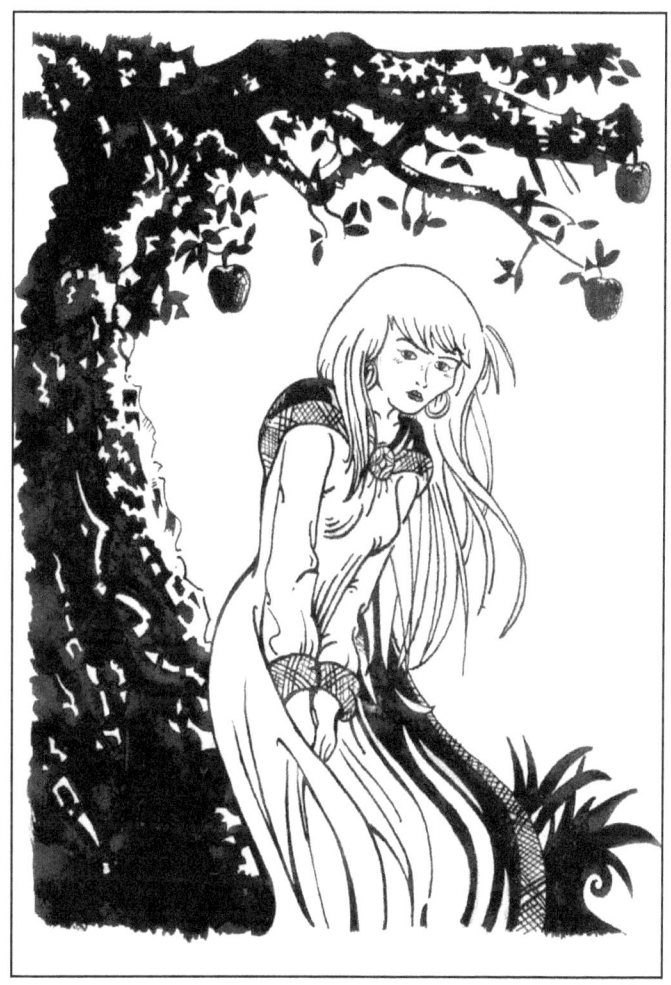

...se abrió la tierra y de ella salió una hermosa doncella, la hija de Ivaldi el enano, sujetando un cofre de oro, lleno de rosadas manzanas...

La palabra cósmica creadora ya fue mencionada, pero no el hecho de que esta "palabra" no era lenguaje hablado sino una especie de lenguaje cantado.

Odín trae el aguamiel mágica del habla a Asgard después de su encuentro con Gunnlod. Bragi es el resultado de su relación con ella, es decir, su hijo, y lo que Bragi trae es realmente la otra mitad del lenguaje cantado.

Iduna es descrita como una hija de Ivaldi y su primera esposa, la diosa del Sol (después Ivaldi se casó con una gigante y los hijos de esa unión quedaron bajo la influencia de Loki). Por eso Iduna es el resultado de las fuerzas solares y terrestres, pero su surgimiento de la tierra que se abre, expresa su inocencia. De aquí que Iduna pueda ser vista como representante de las fuerzas anímicas no contaminadas, directamente vinculadas con lo divino. Esas fuerzas se manifiestan como belleza, arte o música. Sus manzanas son alimento espiritual.

El amor de Iduna por Bragi le dan a él alas de inspiración, es decir, él crea a partir de una fuente espiritual.

El Robo de las Manzanas de Iduna

Un día Odín, Honir y Loki visitaban Midgard para observar los caminos que seguían los hombres mortales. Sintieron hambre, mataron un buey e intentaron asarlo. Pero la carne no se asaba. Entonces se dieron cuenta de que había algo mágico actuando detrás de esto. Una voz habló por encima de ellos; era un águila. "Permítanme antes comer mi parte y la carne se asará", dijo el águila. Los dioses asintieron.

En seguida estaba pronta la carne; el águila se precipitó sobre ella, comiendo de tal modo que parecía que se comería todo. Loki enfureció y golpeó al ave con una rama, pero la rama se enganchó en sus plumas, y rápidamente el águila salió volando, con Loki colgando de la rama. Lo arrastró sobre piedras puntiagudas y rocas, a través de árboles y arbustos, de tal modo que él temió por su vida. El águila le explicó que el buey le pertenecía y que los visitantes estaban violando su propiedad, pero que podría recuperar su libertad si le prometía que le traería a Iduna y sus manzanas.

En ese momento Loki se dio cuenta de que el águila era el gigante Thiassi, disfrazado. Loki estaba asustado, pero prometió hacer cuanto pudiera para traérselas y el águila lo liberó. Loki volvió donde estaban Odín y Honir, pero no les dijo nada sobre el gigante y su promesa. Entonces los tres regresaron a Asgard.

Teniendo muy presente su promesa a Thiassi, Loki buscó su oportunidad. En cierta ocasión se encontró con Iduna, que jugaba con sus manzanas, y le dijo que había visto manzanas mucho mejores en un pequeño bosque, no muy lejos de allí. Iduna tuvo curiosidad y se permitió ser llevada hasta ese lugar. Thiassi, en su forma de águila, estaba al acecho. Se precipitó sobre Iduna y se la llevó.

Pronto el Aesir comenzó a preguntarse qué habría sucedido a Iduna. Ellos sintieron la falta de sus manzanas y comenzaron a verse más viejos y "gastados". Entonces el cuervo de Odín descubrió dónde estaba cautiva y el Aesir se enteró de cómo Loki había tenido que ver con esto y le ordenaron traerla de vuelta.

Loki tomó prestada la piel de halcón de Freya y voló a Jotunheim, donde encontró a Iduna encerrada en una torre. Utilizando sus poderes mágicos la transformó en una nuez, la tomó con sus garras y se fue volando. Thiassi, que había estado afuera pescando, al regresar descubrió lo sucedido. Vistiendo su traje de águila salió tras ellos.

Desde los muros de Asgard el Aesir podía ver al halcón que se aproximaba, perseguido y casi alcanzado por una gran águila. Ellos pusieron montones de viruta en las almenas y en cuanto el halcón voló pasando los muros, les prendieron fuego. El águila ya no podía parar o cambiar de dirección, de modo que voló hacia el fuego cayendo dentro del Asgard. Allí el Aesir lo mató. Más tarde esto les trajo problemas, pues ese lugar era sagrado y nadie debía ser matado en tierras sagradas.

Loki se quitó la piel de halcón, dijo las palabras mágicas y allí estaba Iduna nuevamente, con sus Manzanas de la Juventud.

* * *

La meta de los gigantes, poderes de una era pasada, es impedir el progreso a los seres humanos, por ejemplo, manteniendo al hombre en la antigua etapa de la conciencia de sueño*. Thiassi representa esta fuerza retardadora. El Aesir necesita a Iduna y sus manzanas, porque ellas representan el "refrescar" espiritual; ellas dan al Aesir la fuerza para cumplir su tarea de guiar al hombre a la conciencia del Yo.

Thiassi prepara una trampa. Las fuerzas anímicas, bajo la forma de Odín, Honir y Loki, buscan alimento en la experiencia terrenal, pero la sustancia terrenal, el buey, está infectada. Thiassi aparece bajo la forma de un águila y sugiere un pacto, pero los pactos establecidos con las fuerzas del mal exigen un precio, y aún así pueden no cumplir. La carne es asada, pero nada sobra para los dioses.

Las pasiones afloran bajo la forma de Loki, que enfrenta al águila. Pero las pasiones conducen al caos y a intrigas, tal como lo descubre Loki. Él debe liberarse involucrando a Iduna, es decir, privando a los dioses de su alimento, como lo deseaba Thiassi.

---

* De "soñar". N. del T.

Loki la secuestra y la conduce a Thiassi. Es una imagen de fuerzas inocentes que son aplastadas por la pasión.

Cuando el Aesir se da cuenta de que Iduna no está, es una experiencia del despertar del alma.

Loki viste un traje de halcón, representando a las fuerzas del pensar que vencen a los instintos. Las fuerzas rejuvenecedoras son recuperadas, pero se paga un precio por ellas. El águila se estrella contra el fuego del Yo del Aesir, pero por este medio, las fuerzas malignas entran a Asgard. A pesar de que las manzanas son devueltas, el Aesir ha experimentado un proceso de envejecimiento. Es un anticipo del "Götterdämerung", del ocaso de los dioses.

El Casamiento de Njord y Skadi

Al enterarse de la muerte de Thiassi, su hija Skadi vino a los Ases a reclamar una compensación. Los Ases sabían que se habían creado problemas al matar en tierras sagradas y aceptaron darle lo que reclamaba, que consistía en que uno de los Ases la desposara y que alguien la hiciera reír.

Odín estipuló que ella debía elegir a su futuro esposo por sus pies y, de acuerdo con eso, los seres masculinos de los Ases le mostraron únicamente sus pies. Ella eligió aquellos que consideró más hermosos, pensando que serían los de Baldur. Pero en realidad eran los de Njord. Sin embargo, ambos parecían conformes. Loki la hizo reír haciendo trucos con una cabra y se celebró la boda. (Loki puso el lazo de una cuerda alrededor de sus testículos y ató el otro extremo a la barba de la cabra. Después comenzaron una lucha en la que ambos tiraban de la cuerda). Como gesto conciliador, Odín tomó dos canicas de su bolsillo –eran los ojos de Thiassi– y las lanzó al cielo, donde se transformaron en estrellas. Njord y Skadi tuvieron dos hijos, Frey y Freya, que fueron aceptados como Ases.

A pesar de todo, el casamiento no había sido feliz. Njord deseaba vivir a la orilla del mar, donde pudiera oír los sonidos que emitían los cisnes. Skadi deseaba vivir entre las montañas, donde pudiera oír los aullidos de los lobos. Ellos acordaron pasar juntos nueve noches en cada lugar, pero, de a poco, cada uno se instaló en el hogar que había elegido.

* * *

Cuando los antiguos poderes son superados o desechados, debe desarrollarse algo nuevo. Lo que aquí se desarrolla se encuentra en la esfera de la conciencia. El cuento es un eco del de la Caída.

Indirectamente, es debido a Loki (Lucifer) que Skadi se casa con Njord.

Por la muerte de su padre, ella va a Asgard a buscar un marido, pero debe elegir según el mérito de los pies. Los pies tienen una relación especial con la tierra y elegir por los pies significa elegir a uno que tenga esta relación especial o, en este caso, ninguna relación. Njord pertenece a la época de oro, en la que aún no había conexión con el mundo físico, es por eso que él tiene pies hermosos. Su tiempo era el de la sexualidad inconsciente, ya descrita. Skadi pertenece a Jotunheim, la región que simboliza las fuerzas materiales. El que ella quiera reír indica un aflojar de las fuerzas endurecedores. La risa es una característica humana. Obsérvese los medios por los cuales se logra en este caso.

Es debido a Lucifer que el hombre llega a la encarnación física (la Caída) y el casamiento de Njord con Skadi es una imagen del hombre llegando a la Tierra y de los cambios resultantes en las condiciones necesarias para la reproducción. ("Con dolor darás a luz los hijos.")

Vivir a la orilla del mar y entre las montañas caracteriza a los dos miembros de esta pareja; el mar y los cisnes son imagen de lo no-material y las montañas y los lobos, exactamente, la esencia del materialismo.

La transformación de los ojos de Thiassi en estrellas también indica la conciencia cambiante. El estado de sueño se transforma en la clara percepción a través de los sentidos.

La Construcción del Muro de Asgard

Una vez, un extraño a caballo –que representaba un maestro de obras– vino cabalgando por el puente del arco iris hacia Asgard. Heimdall, el vigía, lo detuvo y después le posibilitó encontrarse con los Ases, de acuerdo con su solicitud. El extraño ofreció construir un muro alrededor de Asgard para proteger a los Ases. Dijo que lo haría en dieciocho meses, pero el precio de su trabajo sería la mano de Freya, y también el Sol y la Luna.

Nadie estuvo de acuerdo, pero Loki sugirió que deberían pensarlo un poco más y el extraño se fue. Loki dijo que ellos debían acortar el plazo de construcción a seis meses, y cuando el constructor regresó, se le planteó esta nueva propuesta, que él aceptó, bajo la condición de que tendría su caballo, un semental, para ayudarlo. Loki aconsejó que lo aceptaran.

Pronto el muro comenzó a tomar forma y todo indicaba que el contrato sería cumplido dentro del plazo estipulado, pero los Ases se pusieron ansiosos y amenazaron a Loki de muerte si no encontraba alguna manera de frustrar el trabajo.

Uno o dos días antes de que se cumpliera el plazo de seis meses, Loki se transformó en una fogosa yegua, danzó ante el semental del constructor y corrió hacia el bosque. El semental la siguió e hizo todo lo que pudo; el constructor no pudo traerlo de vuelta, por eso no pudo completar el trabajo a tiempo. Estaba furioso y estalló de rabia, revelándose como un malvado gigante. Los Ases llamaron a Thor, quien había estado fuera, de viaje, y Thor lo mató con su gran martillo.

Loki dejó de ser visto por largo tiempo y entonces regresó en su propia forma, trayendo a un potro de ocho piernas. Se lo regaló a Odín y le dijo que ese caballo, Sleipnir, dejaría atrás a todos los otros, podría galopar sobre el mar, la tierra, a través del aire y aún ir a la tierra de los muertos y regresar.

* * *

Los poderes del mal han sido reconocidos desde tiempos inmemoriales y juegan un papel importante en la evolución del hombre. Además, a pesar de ser llamados "poderes del mal", su influencia de ninguna manera significa eso. Ellos brindan al hombre posibilidades que, de otro modo, no tendría. Solo son malignos si el hombre se deja dominar por ellos.

Existen dos espíritus de la adversidad, opuestos, conocidos como Luciféricos y Ahrimánicos. Los primeros tienen el efecto de hacer al hombre independiente; le dan la elección, iniciativa, entusiasmo, libertad, pero al mismo tiempo pasiones, y la posibilidad de equivocarse. Ellos no desean desvincular al hombre del mundo espiritual, pero le inspiran egoísmo, autoengrandecimiento, orgullo, ambición.

Las fuerzas Ahrimánicas son aquellas que conducen a la materialización, a la consolidación, a la idea de que el mundo material es la única realidad y que el Paraíso es de este mundo. Inspiran una visión mecánica y utilitaria del mundo y del hombre, y nublan la conciencia humana, al punto de perder la visión espiritual. Ahriman, como personaje, es conocido como el "padre de las mentiras".

Aunque estos dos poderes actúan cada uno para sus propios fines, se apoyan mutuamente. Ambos quisieran liderar la humanidad, alejándola de los seres que le permiten progresar.

En la Biblia está la historia de la Caída del hombre por la influencia de Lucifer. Adán y Eva son echados del Paraíso después de comer del Arbol del Conocimiento. Es el comienzo de la existencia terrestre y de la conciencia del Yo. Loki es el equivalente nórdico de Lucifer, el ángel caído, pero la historia es un poco diferente. Loki fue aceptado en el círculo de los Ases. Eso quiere decir que los Ases sabían que él tenía un papel que desempeñar en la evolución del hombre. En la Mitología Nórdica, los propios dioses experimentan la Caída, es más, la provocan. Con la aceptación de Loki, con el rechazo a Gullveig, la Edad de Oro, la Era de los Vanes llega a su fin.

Ya que Lucifer permite al hombre elegir entre lo bueno y lo malo, otras fuerzas del mal pueden entrar en escena, llámense Ahriman. La construcción del muro de Asgard narra sobre la rivalidad y la cooperación entre los dos poderes.

El maestro de obras, que se revela como un gigante, representa a Ahriman. Él desea limitar el trabajo de la evolución normal, tomar el control de las fuerzas reproductoras y de los ritmos cósmicos. Tiene otras ideas para el desarrollo del hombre y desearía que estuviera centrado únicamente en el mundo físico. Por el momento, Loki, siempre listo para confundir a sus congéneres, coopera y promueve la aceptación de la oferta de construcción del muro.

Los Ases consideran que no hay peligro, ya que la meta de construir el muro dentro del plazo estipulado parece imposible, pero no tienen en cuenta los poderes intelectuales de Ahriman, simbolizados en el caballo. Loki-Lucifer, por cuyo consejo se dio inicio al trabajo, es entonces llamado para frustrar su finalización. No está en sus planes el que Ahriman domine. Lucifer, un ser que pertenece al elemento fuego, puede cambiar su forma y naturaleza. Es inspirador de pasiones que pueden crecer y cambiar. Se transforma en yegua y seduce al semental del constructor. La consecuencia de esto es que la construcción del muro no llega a su fin.

Cuando el constructor se revela en su forma verdadera, Thor, representando la fuerza del Yo en desarrollo, lo liquida.

El producto de la unión entre Loki y las fuerzas intelectuales del maestro de obras es Sleipnir, el caballo que Loki entrega a Odín. Sleipnir representa un equilibrio de fuerzas: entusiasmo combinado con intelecto, pasión combinada con razón. Loki suministra a Odín los medios para deambular libremente por todo el mundo. Esto nos recuerda a Pegaso, el caballo alado de la Mitología Griega, un símbolo del poder de la fantasía o la habilidad de penetrar en las esferas más altas. Éste es un aspecto positivo de la influencia luciférica.

Uno puede también observar estos eventos como sucesos que tienen lugar en el alma individual. Hay cooperación y conflicto entre las dos fuerzas. Se corre el riesgo de ser abrumado, pero el alma vive una revelación y usa el lado positivo de las fuerzas luciféricas. El Yo conquista las fuerzas del materialismo. Se alcanza un equilibrio que da la posibilidad de adquirir conocimientos más elevados.

Los Hijos de Loki

A veces le gustaba a Loki irse a recorrer otras regiones. En Jotunheim encontró una gigante llamada Angurboda, de quien se enamoró. Él se casó con ella y tuvieron tres hijos, pero eran monstruos. El mayor era un lobo llamado Fenris, el segundo era la serpiente Jormungand y el tercero era Hela, cuyo cuerpo era mitad carne viva, mitad carne en descomposición. Al principio, vivieron en Jotunheim.

Odín sabía que era el destino que estos tres nacieran, pero ordenó a Thor que se los trajera.

Envió a Hela a vivir en la región que estaba por debajo de todas las demás, para que fuera la Reina de la Muerte y gobernara los espíritus humanos que no habían muerto en batallas, aquellos que eran débiles y también aquellos que practicaban el mal.

Odín arrojó la serpiente al mar, donde creció hasta rodear todo Midgard y sostener su cola con la boca. Estaba destinada a permanecer allí hasta el día de Ragnarok.

Mantuvo al lobo Fenris en Asgard, donde creció, creció y creció. Se hizo tan feroz que los Ases decidieron atarlo, pero sabían que solo podrían lograrlo con astucia. Por consiguiente, hicieron una fuerte cadena y dije-

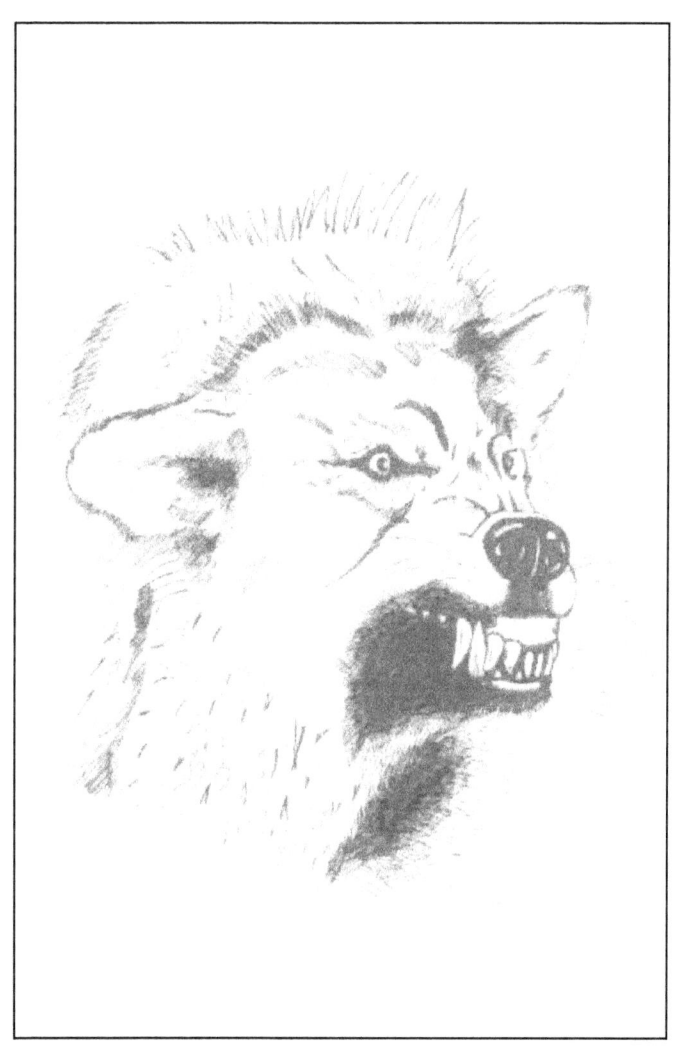

El mayor era un lobo, llamado Fenris...

ron a Fenris, el lobo, que lo atraparían con ella. Éste la rompió fácilmente. Entonces hicieron una cadena más fuerte, la que también logró romper. Los Ases decidieron que debían usar otros medios. Se dirigieron a los enanos negros y les pidieron que hicieran una cadena. Los enanos hicieron una, usando el sonido de las pisadas de un gato, las bases de una montaña, la fuerza de un oso, el aliento de un pez, la barba de una mujer y la saliva de un pájaro. Cuando lo terminaron, parecía un cordón de plata.

Cuando los Ases se acercaron al lobo con ese cordón, éste sospechó y solo aceptó ser atado si uno de los Ases ponía su mano en su boca. Tyr, el valiente, se ofreció.

Así ataron a Fenris y el cordón resistió. Los Ases se regocijaron, pero Tyr no, ya que el lobo cerró sus dientes y arrancó la mano de Tyr. El lobo Fenris quedó atado a una roca y rugía tan fuerte que Thor puso una espada en su boca, apoyando el mango en su mandíbula inferior y la punta en la superior. Así permaneció, hasta que logró liberarse en el día de Ragnarok.

* * *

A pesar de que a veces la influencia luciférica es benéfica, se transforma en maligna cuando sobrepasa sus límites o cuando se une a la ahrimánica. Esto último es lo que describe el cuento del casamiento entre Loki y Angurboda. (Argunboda es la misma palabra que la persa Angromainu - fuerzas de la oscuridad, Ahriman).

Tal influencia puede afectar al ser humano de diversas maneras. Destruye las fuerzas vitales y la percepción de la verdad; envenena la vida anímica, trayendo con ello pasiones, bajos impulsos y egoísmo. Provoca enfermedades físicas y muerte. El hombre nórdico veía estas cualidades como objetos, de ahí la serpiente, el lobo Fenris y Hela.

Serpiente	*Egoísmo*
Lobo Fenris	*Falsedad, Mentira*
Hela	*Enfermedad y Muerte*

Thor es enviado a buscar los monstruos y traerlos de Jotunheim, es decir, la fuerza del Yo trae esos poderes a la conciencia del alma.

En el orden mundial debe haber un lugar para los agentes del mal donde se confronten con sus propios actos. La idea es común a muchas religiones. En la tradición nórdica, Hela, la hija de Loki, es designada guardiana de un lugar como ese. De "Hela" proviene la palabra inglesa "hell*".

Estas fuerzas, o monstruos, deben ser resistidos o neutralizados. Odín arrojó la serpiente al mar, donde creció hasta rodear todo Midgard, es decir el mundo humano. En cierto sentido, el alma humana está rodeada de fuerzas negativas.

El lobo es siempre un símbolo de oscuridad, materialismo, fuerzas endurecedoras que embotan la conciencia humana. Ser devorado por el lobo significa perder la visión espiritual, lo que se completa en el día de Ragnarok. En el plan divino, es un paso de la evolución del hombre hacia la libertad, pero también debe existir una posibilidad de resurrección. Se deben hacer intentos de redención. Por eso el lobo es mantenido en Asgard, donde los Ases intentaron tenerlo a raya. Tyr, el dios de la

---

*. "Hell" significa infierno. N. del T.

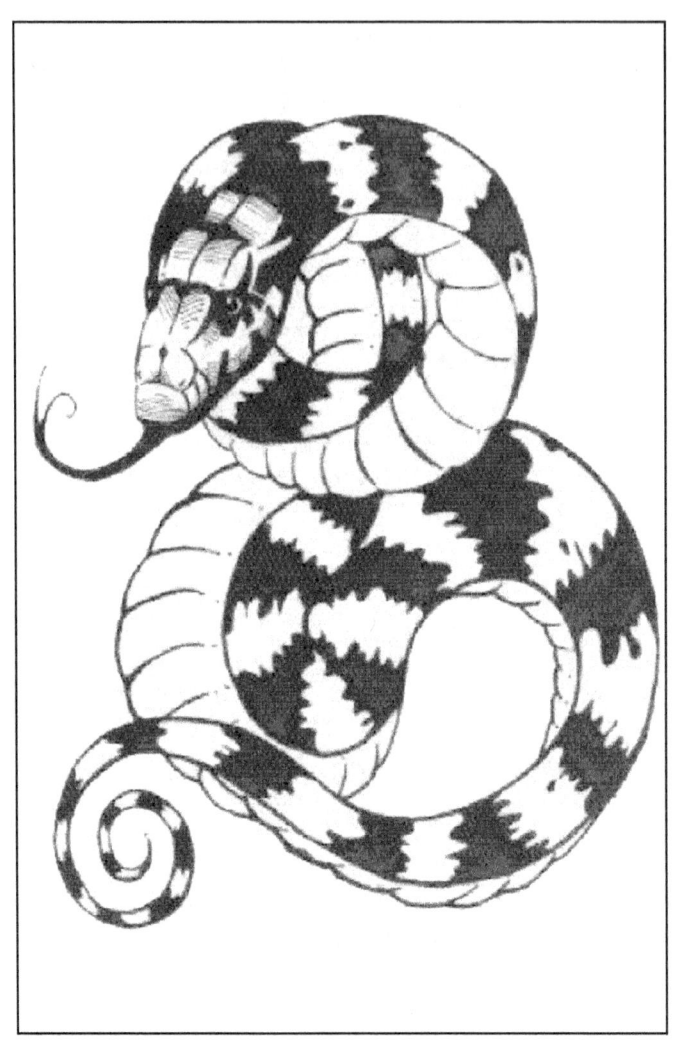

...el segundo era la serpiente Jormungand...

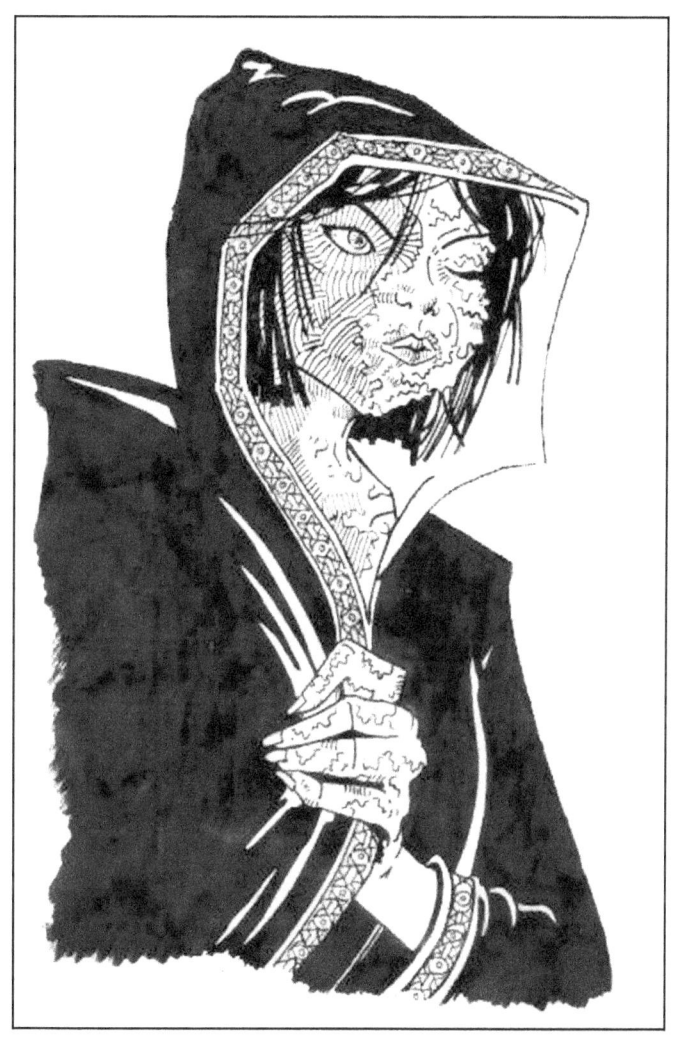

...y el tercero era Hela, cuyo cuerpo era mitad carne viva, mitad carne en descomposición...

guerra, lo cuida. Solo cuando su poder supera ciertos límites es necesario tomar medidas drásticas. Elevados poderes sobrenaturales son invocados. El mal es contenido, pero a costa de sacrificio: Tyr pierde su mano. En el día de Ragnarok, el lobo Fenris se libera.

Los Tesoros de los Dioses

Loki estaba enojado con Thor, porque éste había traído a sus hijos de Jotunheim, y estaba determinado a vengarse.

Entró sigilosamente en el dormitorio de Sif, la esposa de Thor, y mientras ella dormía le cortó su cabello de oro. Al descubrirlo, Thor se enfureció y amenazó romper cada hueso del cuerpo de Loki si no lo devolvía.

Loki fue a la tierra de los enanos negros y se dirigió a la cueva de los hijos de Ivaldi. Hizo un pacto con ellos, que consistía en que si ellos lograban producir cabello de oro que creciera en la cabeza de Sif y se lo entregaban, él estaría a su servicio siempre que lo necesitaran.

Los enanos hicieron el cabello en su horno, pero como ya estaba dando resultado, Loki sugirió que podrían ganarse los favores de los dioses haciéndoles regalos. Entonces crearon un barco llamado Sklidbladnir, que podía navegar sobre la tierra y el agua, que podía expandirse hasta llenar el Universo y reducirse lo suficiente para caber en un monedero. También crearon una lanza llamada Gungnir, que nunca erraría el blanco.

Loki tomó los regalos, pero en el camino de regreso a Asgard tuvo una idea maliciosa y volvió al palacio de los enanos Brock y Sindri. Les mostró los regalos y apostó su cabeza a que ellos no podrían hacer algo mejor.

Ellos aceptaron el desafío. Sindri tomó un trozo de piel de cerdo y algunos trozos de alambre de oro y los puso en el horno, diciendo a Brock que bombeara el fuelle y no parara hasta que le avisara. Un mosquito lo picó en la mano pero él siguió dando aire. Así fue creado Gullinbursti, el cerdo con alas de oro. Era un animal que podía brillar en la oscuridad y fertilizar toda la tierra.

Sindri tomó un trozo de oro, lo puso en el horno y nuevamente dijo a Brock que bombeara aire continuamente. El mismo mosquito picó a Brock en la garganta, pero él siguió bombeando. Al fin Sindri sacó de allí un anillo de oro, llamado Draupnir, del cual surgirían ocho anillos similares cada nueve noches.

Entonces Sindri puso un gran trozo de hierro en el horno, repitió sus instrucciones y se puso a trabajar. El mismo mosquito picó a Brock entre los ojos. La sangre lo enceguecio por un momento y tuvo que parar de dar aire para espantar al mosquito.

Algunos dicen que el mosquito era Loki, pero es más probable que fuera un rival.

Sindri sacó un martillo del horno, pero como consecuencia de la interrupción, su mango quedó un poco más corto de lo esperado. Lo llamó Mjölnir (el Triturador). Dijo a Brock que fuera con Loki a Asgard, llevando consigo los tesoros, pues los Ases debían decidir cuáles objetos eran los mejores.

Al regresar a Asgard, Loki inmediatamente entregó a Sif el cabello, que volvió a crecer en su cabeza como si fuera su cabello natural. Entregó Skidbladnir a Frey y Gungnir la lanza a Odín. Brock entregó el cerdo a Frey, el anillo a Odín y el martillo a Thor.

Entonces comenzó el juicio que determinaría cuál grupo de enanos había hecho los objetos más preciosos.

El martillo fue considerado el instrumento más maravilloso y mágico, porque servía para combatir a los gigantes, y los dioses decidieron que Sindri y Brock eran los ganadores.

Brock inmediatamente reclamó la cabeza de Loki, pero Loki huyó. Thor lo persiguió y lo trajo de regreso. Entonces Loki aceptó que debía entregar su cabeza, pero declaró que su cuello no debía ser dañando.

Brock se dio cuenta que se habían burlado de él, pero tomó una correa de cuero de su bolsillo y cosió los labios de Loki. Éste, de todos modos, se escapó y arrancó la correa con gran dolor, prometiendo venganza. Desde ese entonces Loki tiene la boca torcida.

* * *

El cuento trata de la influencia luciférica que llevó al hombre a la existencia física y a la conciencia de sí mismo como individuo, antes que lo previsto por los dioses creadores (la Caída, en la Biblia). El resultado fue la separación de lo divino, la división en razas, las diferentes lenguas y la discordia.

Como en los cuentos de hadas, el cabello de oro significa sabiduría inocente, conexión directa con lo divino. La sustitución del cabello de oro de Sif por el que hicieron los enanos simboliza la sustitución de la sabiduría celestial por la sabiduría terrenal.

Existe otra connotación. El nombre Sif tiene relación con la palabra "Sib" del inglés arcaico, que quiere decir emparentado y que todavía existe en la palabra "sibling"*. Thor representa el poder del Yo. La unión de Thor y Sif significa, por lo tanto, conciencia de grupo, un Yo grupal. Cuando Sif pierde su cabello de oro, equivale a la disolución de la conciencia de grupo.

En lugar de la conciencia de grupo se desarrolla la del individuo. Los regalos que Loki persuadió a los enanos de hacer tienen ese mismo propósito. Además del cabello de Sif, hicieron un barco mágico y una lanza. El barco mágico simboliza la alternancia entre día y noche, expansión y contracción, conciencia e inconciencia. En tiempos anteriores no existía la diferenciación entre sueño y vigilia.

La lanza, es la lanza del habla, llevada por el aliento y lanzada por la voluntad. El habla corresponde al ser humano dotado de Yo.

Entonces, esos regalos fueron directamente inspirados por Lucifer y se relacionan con las fuerzas que viven en el alma; pero donde Lucifer abre el camino, otras fuerzas, que ya hemos caracterizado como ahrimánicas, pueden entrar. Loki procura generar discordia.

Otros enanos, Sindri y Brock, son persuadidos de hacer regalos para competir. Una de sus creaciones es Gullinbursti, el cerdo que fertiliza el suelo. Otra es Draupnir, el anillo del cual surgen ocho anillos más cada novena noche. El tercero es Mjölnir, el martillo. Todos están vincu-

---

*. Significa "hermano" o "hermana". N. del T.

lados a las fuerzas vitales, pero, como en su creación hubo disturbios, están contaminados.

El cerdo, con sus cerdas de oro, es un poder con gran potencial y, esencialmente, un animal terrenal. El regalo apunta al mundo físico.

Un anillo no tiene comienzo ni fin. Es completo en sí. Ser capaz de reproducirse significa continuidad, pero debe tener también otro significado. Dado que el mosquito picó a Brock en la garganta, podemos deducir que el anillo está vinculado al habla.

Mjölnir, el martillo, simboliza los latidos del corazón en la circulación de la sangre. El martillo está hecho con hierro. La sangre es roja cuando tiene la cantidad necesaria de hierro. Circula y regresa al punto de partida.

En la producción de estos tres: el cerdo, el anillo y el martillo, un mosquito que estaba en la pared, intentó interrumpir. Ésta es, obviamente, una influencia negativa. El cuento dice que Loki sería el mosquito, no obstante, podemos sospechar que era su contraparte, un ser ahrimánico, ya que la esfera de Lucifer es la astral y estos tres regalos están vinculados a la fuerza vital.

Mientras hacía el cerdo, Brock fue picado en la mano, representando una influencia en la actividad en el mundo físico. Cuando estaba haciendo el anillo, fue picado en la garganta. Es una imagen de fuerzas ahrimánicas penetrando en los órganos del habla, por lo que el mágico poder creador inicial de la palabra es destruido. Al hacer el martillo, la picadura fue entre los ojos. Por un momento, Brock estuvo ciego –las fuerzas ahrimánicas hacen que el hombre enceguezca en relación al mundo espiritual. El martillo es corto. La fuerza del Yo es menos poderosa de lo que podría haber sido.

El fallo es que los regalos de Sindri y Brock son más valiosos. No podía haber sido de otro modo, ya que en la era que se aproxima predominan las fuerzas materiales.

La lanza y el anillo se regalan a Odín. Los regalos son apropiados, ya que Odín es el creador del habla y el líder supremo. (Los nombres de Odín/Wotan posiblemente estén relacionados con la palabra "brethen" del inglés antiguo, hoy "to breathe"*).

Frey recibió el barco mágico y el cerdo. Frey es quien influye en el estado del tiempo, el crecimiento y la fertilidad, y en los deseos humanos.

La esposa de Thor recibe el cabello terrenal y Thor el martillo. Su tarea es combatir a los gigantes. Al entusiasmarse, la sangre circula más rápido y el corazón late más veloz. En la sangre está la fuerza del Yo, pero el martillo es insuficiente. Thor también sucumbe en el día de Ragnarok.

Una boca torcida delata la habilidad para torcer las palabras.

---

*. To breathe significa "respirar". N. del T.

Heimdall en Midgard

Odín sabía que un día habría una última gran batalla con los gigantes y quiso contar con la gente adecuada para ayudar. Envió a Heimdall a Midgard para que se ocupara de ello. Heimdall se disfrazó como Rig, el Caminante. Al llegar a una pequeña choza, fue bien recibido por sus habitantes, una pareja pobremente vestida, llamados Ai y Edda, Bisabuelo y Bisabuela. Le dieron pan y caldo, le ofrecieron el mejor lugar para sentarse y de noche el lugar más cálido para dormir, en una cama entre las de la pareja. Se quedó tres días y luego siguió su viaje.

Después que la Luna hubo crecido y menguado nueve veces, Edda tuvo un hijo al que dieron el nombre de Thrall el Siervo*. Thrall creció rápidamente, transformándose en un hombre fuerte, con duras manos y gruesos dedos, espalda ancha, grandes pies y rostro de mirada tosca. Se casó con una niña errante llamada Thir (esclava), un tanto parecida a él. Sus hijos trabajaban la

---

* Siervo adscrito a la tierra, de tal modo que, en caso de cambiar ésta de dueño, él pasaba a ser propiedad del nuevo. N. del T.

tierra, haciendo de peones, construyendo verjas, labrando la tierra, cuidando el ganado y los cerdos y realizando todas las tareas de ínfima importancia.

Luego Heimdall llegó a una casa donde vivía una pareja muy bien vestida, llamados Afi y Amma, Abuelo y Abuela. Fue bienvenido, le dieron de comer ternera cocida, pan, mantequilla y cerveza, le ofrecieron el mejor lugar para sentarse y, de noche, el lugar más cálido para dormir, en medio de la pareja. Se quedó tres días y luego siguió su viaje.

Después que la Luna hubo crecido y menguado nueve veces, Amma tuvo un hijo al que dieron el nombre de Karl, el Artesano. Él creció y se transformó en un hombre robusto, bien parecido y alegre. Era hábil arando, construyendo casas, haciendo carros y ruedas. Desposó a la hija de un hombre libre y sus hijos fueron guerreros, hacendados y artesanos.

Siguiendo su viaje, Heimdall llegó a un fino palacio donde vivía una pareja de buen pasar, vestida con finas ropas, y con finas, limpias y blancas manos. Eran llamados Padre y Madre. Fue bienvenido, le dieron pan blanco, carne asada, queso, vegetales y vino, todo servido en vajilla de plata, sobre un mantel blanco. Le ofrecieron el mejor lugar para sentarse y, de noche, el lugar más cálido para dormir, en la cama, en medio de la pareja. Se quedó tres días y luego siguió su viaje.

Después que la Luna hubo crecido y menguado nueve veces, Madre tuvo un hijo, al que dieron el nombre de Jarl, el Jefe. Éste creció y se transformó en un hombre hermoso y elegante, y aprendió a montar, a cazar, a manejar la lanza y el escudo.

Pasó el tiempo y, muchos años después, Heimdall regresó a Midgard. Thrall y Kart eran hombres buenos y trabajadores, pero Jarl era el que mejor se ajustaba a los propósitos de Odín. Heimdall se presentó a él, lo llamó hijo suyo y le enseñó la magia de las runas.

Jarl reunió hombres valientes a su alrededor, y desposó a la habilidosa hija de un hombre sabio y respetable. Sus hijos fueron gobernantes y podían entender muchas cosas ocultas para otros. Uno se sus hijos se transformó en rey.

Él conocía el lenguaje de las aves, y de su padre aprendió todas las cosas que Heimdall sabía -sobre la guerra que vendría entre los Ases y los gigantes, y cómo Odín había decretado que todo aquél que cayera en la batalla, luchando con valor, sería llevado a Asgard para ayudar al ejército del Aesir en la gran batalla del último día.

* * *

Heimdall es descrito como hijo de nueve madres y poseedor de agudos sentidos terrenales. En una encarnación terrenal esto significaría que él poseía el conocimiento de los nueve mundos y que era un gran iniciado. Su tarea era ayudar a educar a la humanidad, para alcanzar la claridad de pensamiento y sentido de conciencia necesarios para combatir la antigua clarividencia atávica de los atlantes.

Los hijos de Heimdall son conocidos como la Estirpe Sagrada.

Esta narración pintoresca de Rig y sus aventuras, es frecuentemente interpretada como la narración del origen de las tres clases de la sociedad vikinga: los Thralls, criados y siervos; los Karls, artesanos y granjeros; los Jarls, cazadores, luchadores, aristócratas.

Sin embargo, hay un significado más profundo. No es el cuento de una generación física sino de estadíos de desarrollo y ennoblecimiento. El elemento importante es que se generan nuevas fuerzas, se implantan nuevos impulsos en el género humano, y aquellos que maduran en el sentido correcto, pueden ser mejorados. Se necesitan almas fuertes y maduras para combatir el mal.

Transformarse en rey significa transformarse en el que sabe. El rey es el iniciado que puede dirigir e inspirar.

Las Hazañas de Thor

Thor es un personaje muy amado en la mitología nórdica y ahora que comprendemos lo que representa, no hay por qué sorprenderse. De ahí que él merezca una sección exclusiva.

Él lucha continuamente contra los gigantes y son muchos los relatos de sus proezas.

El cuento del robo de su martillo es el gran favorito entre los niños. Cuando daba clases, el autor se inspiró para contarlo en verso y se incluye aquí el 'poema' original. La combinación de aliteración y rima puede ofender a los puristas, pero los niños lo recitarán con un gusto poco común.

El Martillo de Thor es Robado

Una mañana, el martillo de Thor había desaparecido. Éste pidió a Loki que descubriera dónde había ido a parar. Loki descubrió que había sido robado por el gigante Thrym, y que el gigante solo lo devolvería si Freya aceptaba ser su novia.

Los Ases se preocuparon mucho con tal noticia, pero Heimdall sugirió que Thor debía vestirse como Freya y presentarse ante Thrym. Loki lo acompañó como su criada.

Durante la comida en la corte de Thrym, el gigante estaba un tanto sorprendido del apetito de su novia y, más aún, de su mirada ardiente. Loki le explicó que ella estaba prendada de amor, por lo que no había podido comer ni dormir.

El martillo se había transformado en el pago por la novia, pero en cuanto Thor lo tuvo en sus manos, mató a Thyrm y a todos los demás gigantes allí presentes.

El Viaje de Thor a la Tierra de los Gigantes

Cierta mañana el poderoso Mjölnir faltaba.
Salvaje al despertar estaba Thor Tronador.
Erizó su barba, su pecho estallaba
Y en su cara tenía ceño fruncido feroz.

'Loki', dijo, 'mi martillo desapareció.
Sin mi arma, son débiles mis trabajos.
Busca a Freya y viste sus plumas,
Yo te imploro, busca lo que fue robado'.

El vestido de plumas zumbó y Loki veloz voló.
Dejando a Thor, el Tronador, furioso e impaciente.
Corrió al reino de los gigantes y pronto llegó.
Allí encontró a Thyrm, el señor, en un terraplén.

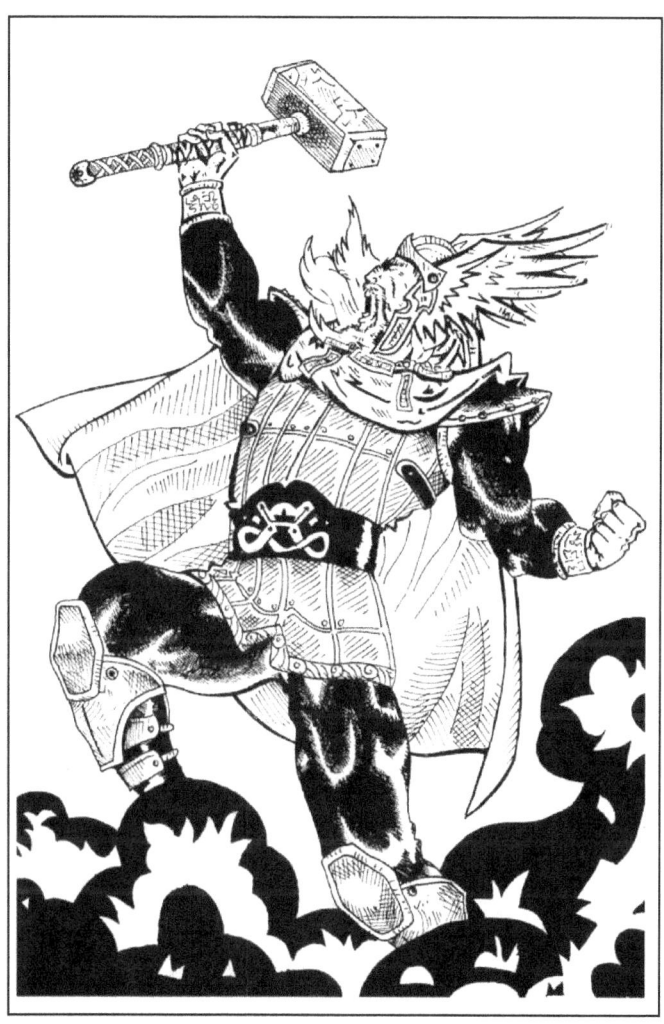

Thor luchaba continuamente contra los gigantes malvados y contra todos aquellos que deseaban destruir la ley de los dioses...

Thrym lo vio y dijo: 'Veo tu desengaño.
¿Qué te trae, Loki, solo por esta tierra?'
Y Loki el problema en Asgard le contó,
El alarido de Thor, cuando su martillo dejó su mano.

Thrym miró a Loki y rió a carcajadas:
'El martillo de Thor vive en un hueco, escondido
En lo más profundo de un lado de la montaña,
Hasta que la hermosa Freya como novia me hayas traído'.

Loki se elevó en el aire y veloz voló a Asgard.
En un segundo Thor lo vio y se puso a escuchar.
'Thor, tu martillo el Rey de los Gigantes ha escondido,
A cambio, la mano de la hermosa Freya ha pedido.'

Todos los dioses se reunieron rápidamente
Para hablar de las noticias que Loki contó.
Y Freya enfureció y bramó ardientemente:
'Yo no viajaré al Norte, nunca seré vendida yo.'

Así ella habló, y de pronto se hizo un gran silencio.
En la multitud no se oía mascullar ni murmurar,
Hasta que Heimdall, el héroe, finalmente habló:
'El mismo Thor debe ir allá y lo que está mal arreglar.'

'Dejad que el valiente Thor lleve el velo nupcial,
Adornémoslo con un vestido de doncella.
En su pecho piedras preciosas y fina plata debe brillar,
Y fijemos, para completar,
una linda capa rosada en su cabeza.'

Thor montó en cólera y airado rugió:
'¿Piensan transformarme en doncella,
a mí, Thor, el Tronador?'

Pero Loki era astuto, e ingenioso gritó:
'¡Nunca jamás podremos luchar contra el hielo aterrador!'

Thor jadeó y paseó su mirada por el jardín de Asgard.
'Debo recuperar mi martillo para defender nuestro hogar.
Te pido, hermano, ¡ata el velo nupcial!
Al helado país de los gigantes rápido debo llegar.'

Entonces Loki se adelantó y habló dulcemente:
'Thor, como tu criada allá contigo iré.
Me vestiré como mujer y te acompañaré.
¡Qué hermosa criada para una novia seré!'

En el palacio de Thrym había sido preparada
una gran fiesta
Para recibir a los viajeros con buenos deseos.
Un plato de finas delicadezas fue colocado
para las doncellas.
Pero Thor comió un buey, para calmar sus anhelos.

Luego tomó y engulló ocho gordos salmones,
Bebió hasta el fondo tres barriles de cerveza.
Thrym esperó y observó, y asombrado murmuró:
'Muy bien y en abundancia masca esta belleza.'

Próximo estaba sentada tranquilamente la criada,
y respondía las preguntas del gigante:
'Freya ha ayunado durante ocho noches,
era su deseo de verte tan grande'.

Thrym el salón para besar a la novia cruzó,
Pues su corazón palpitaba de tanto deseo acelerado,
pero al levantar el velo, hacia atrás saltó:
'Esta doncella, ¡con su mirada me ha quemado!'

Próximo estaba sentada tranquilamente la criada,
y respondía las preguntas del gigante:
'Freya no ha podido dormir por ocho noches,
era su deseo de verte tan grande'.

Entonces, riendo habló fuerte el jefe de los gigantes:
'Ahora traed aquí el martillo para la novia honrar.
A los pies de la doncella coloquen a Mjölnir, el potente,
Y entonces, suavemente a su lado me iré a sentar."

Thor tomó su martillo y lo hizo girar como nunca antes,
Sobre su cuerpo, en círculo moviéndolo.
Rápido como un rayo y de rabia rugiendo,
Destruyó la corona del rey de los gigantes.

Se puso de pie e hizo girar el martillo una segunda vez,
Y así cayeron los gigantes, todos aniquilados.
El Tronador arrojó su martillo una tercera vez.
Se derrumbó un castillo,
quedando en ruinas transformado.

Finalmente quedaron solos Loki y Thor;
Y así su martillo al hijo de Odín salvó.

* * *

Si el Yo es débil o está dormido, las fuerzas del mal pueden actuar. El cuento dice "una mañana". Obviamente Thor dormía cuando el gigante le robó su martillo. Las fuerzas del Yo sucumbieron ante una poderosa fuerza retardadora. Ésta vino de la región de Jotunheim, región que ya caracterizamos como ahrimánica. La meta de Ahriman es hacer que el hombre piense que el mundo físico es el único real. En este caso, él quiere obtener la posesión de las fuerzas regeneradoras, es decir, persuadir al hombre de que el sexo es un tema puramente físico.

Si bien la influencia de Loki-Lucifer es frecuentemente negativa, aquí se ve su lado positivo. Lucifer da al hombre iniciativa, entusiasmo, autoconciencia. Loki devuelve la confianza a Thor, es decir, fortalece el Yo. El martillo es recuperado y las fuerzas retardadoras destruidas.

El Viaje de Thor a Utgard

Un día, Thor decidió visitar Utgard para arreglar unas pocas cuentas con los gigantes. Loki lo acompañó. Thor enganchó sus dos cabras a su carro y partieron. Al anochecer llegaron a una granja solitaria. El granjero se disculpó por no disponer de comida suficiente. Thor mató a sus dos cabras, las despellejó y puso la carne en la vasija. Cuando estuvo cocida la comieron, pero Thor dijo que bajo ningún concepto debían romper ninguno de los huesos, que debían ser recogidos y colocados sobre las pieles. Sin embargo, Thialfi, uno de los hijos del granjero, rompió un hueso del muslo para chupar la médula.

A la mañana se levantaron Thor y Loki, se higienizaron, y Thor hizo girar su martillo sobre los huesos y las pieles. Inmediatamente las cabras se levantaron de un salto, llenas de vida, pero una de ellas cojeaba. Thor se enfureció, pero finalmente se tranquilizó diciendo que, como recompensa, llevaría consigo a los dos hijos del granjero, para que fueran sus siervos. Ellos se llamaban Thialfi y Rokva.

Los viajeros dejaron las cabras y siguieron su camino a pie. Llegaron a la orilla del mar, encontraron un bote y, subiendo a él, lo cruzaron. No encontraron a nadie y fueron tierra adentro.

Llegó el anochecer y parecía no haber refugios, pero entonces encontraron una construcción rara, que parecía un enorme palacio, abierto solo en un extremo. Entraron allí y se acostaron para dormir, pero había un ruido y un retumbar que parecía un terremoto. Se deslizaron más al interior del palacio y encontraron una pequeña habitación, donde se instalaron tan cómodamente como pudieron.

Cuando volvió a haber luz, salieron y descubrieron un enorme gigante que dormía en el suelo. Se despertó y dirigiéndose a Thor, dijo que se llamaba Skrymir y que había venido para conducirlos hacia Utgard. Recogió los implementos que ambos habían utilizado para dormir, que en realidad eran su guante y el pequeño lugar donde ellos habían dormido era el hueco de su dedo pulgar.

El gigante ofreció llevar el paquete de provisiones que ellos traían y lo puso dentro del suyo. Siguieron viaje y para pasar la noche, se acostaron bajo un gran roble. El gigante se durmió, pero Thor y Loki no podían desatar la cuerda de la mochila del gigante para tomar su comida, de modo que se quedaron con hambre.

Thor se enojó, y se dio cuenta de que el gigante les había tomado el pelo. Entonces arrojó su martillo a lo que pensó que era la cabeza del gigante, pero éste solo murmuró algo sobre una hoja que le había caído encima. Thor volvió a intentarlo y el gigante preguntó si una bellota había caído sobre su cuerpo. Una tercera vez arrojó Thor su martillo, pero todo lo que el gigante hizo fue quejarse porque un pájaro había dejado caer algo encima de él.

A la mañana todos se levantaron. El gigante les indicó que se dirigieran al Este, y les dijo que él debía dejarlos para dirigirse hacia el Norte.

Aquella noche los viajeros llegaron a una fortaleza, se deslizaron entre las barras de hierro del portón y entraron al palacio del rey de los gigantes, Utgardloki. El rey dijo que solo aquellos con maestría en algún oficio o alguna habilidad podían permanecer allí, y les preguntó qué podían hacer de especial.

Loki dijo que podía comer más rápido que cualquier persona, pero, cuando fue puesto a prueba, falló.

Thialfi desafió a quienquiera que fuese a correr más rápido que él, pero también falló.

Thor dijo que él los desafiaría en la capacidad para beber. Le dieron un cuerno que parecía bastante grande y que tenía una larga punta. Por más que él se esforzara no pudo vaciarlo. El rey se burló de él y trajo su gato. Desafió a Thor a que lo levantara del piso, pero el gato solamente arqueó su lomo y mantuvo los pies en el piso. Thor estaba enfadado y ofreció luchar con alguien. El gigante mandó llamar a Elli, su vieja madre adoptiva, y Thor no pudo vencerla. Después de estos desafíos, festejaron y se fueron a dormir.

Al día siguiente los visitantes se prepararon para irse, y el rey de los gigantes estaba muy alegre y cortés. Los acompañó a la salida de Utgard y les preguntó si alguna vez se habían encontrado con gigantes más poderosos que él y su séquito. Thor admitió que él había resultado ser el segundo mejor. Loki sonrió discretamente.

Entonces el gigante confesó haber hecho trucos. Explicó que él mismo era el gigante Skrymir y que los golpes que Thor había dado lo habrían matado si él no hubiera salido del camino del martillo, y mostró las marcas en los cerros donde el martillo había aterrizado.

El contrincante que había vencido a Loki era el fuego, el corredor que había vencido a Thialfi era el pensamiento. El cuerno tenía su punta conectada con el mar y Thor, bebiendo, había causado una bajante. Las mareas ahora subirían y bajarían en memoria de ese hecho.

El gato era la serpiente de Midgard y Elli era los tiempos antiguos. El gigante le advirtió a Thor que no volviera, pero a esas alturas Thor estaba furioso. Asió su martillo y lo hizo girar, solo para descubrir que Utgardloki se había ido. En la distancia, la fortaleza de Utgard también había desaparecido.

Los viajeros regresaron a la casa de la granja, donde habían dejado las cabras y el carro, y regresaron a Asgard.

* * *

Thor representa el poder del Yo. En el ser humano el Yo es, o debería ser, la fuerza directriz. Debería controlar los impulsos dentro del alma y luchar contra las fuerzas del mal fuera de ella. Es por esa razón que Thor es continuamente representado en lucha contra los gigantes. Con frecuencia se hace referencia a sus viajes hacia el Este. Históricamente, las tribus germánicas estaban continuamente en guerra con pueblos decadentes que vivían al Este, esta parte de la historia popular fue incorporada a la narración.

Utgard es el reino más exterior. Es lo mismo que Jotunheim. Los gigantes de Jotunheim ya fueron descritos como representantes de fuerzas ahrimánicas. Por eso no nos sorprende que Loki acompañe a Thor. La influencia Loki-Lucifērica abre el camino a Ahriman.

Esta parte del cuento es una experiencia de despertar-dormir. Las cabras son símbolo de curiosidad. Curiosidad significa ejercitar los sentidos. Cuando el ser humano está despierto, es decir, cuando el Yo está en el organismo corpóreo, éste recibe impresiones sensoriales. Cuando está durmiendo, su naturaleza interna de cabra está muerta. Es de noche en la granja, las cabras son sacrificadas y su carne es digerida durante el sueño. Impresiones sensoriales semejantes son digeridas de noche. De mañana, el Yo vuelve para recibir nuevamente impresiones sensoriales; las cabras son reconstituidas. Sin embargo, un hueso fue dañado y una de las cabras cojea. Si los órganos físicos no son adecuados, se reciben impresiones sensoriales distorsionadas.

Las cabras son dejadas de lado. Ahora se trata de un desafío con los poderes malignos, en un ámbito suprasensible. Los niños son extensiones del yo.

Los viajeros tienen determinadas aventuras y se encuentran con Skrymir, y es obvio, por lo que finalmente sucedió, que ellos han sido víctimas de un engaño, una típica jugarreta ahrimánica. Se les pidió que demostraran poderes especiales, pero perdieron cada vez. Es una demostración de que el Yo no está suficientemente desarrollado. No tiene poder suficiente para luchar con las fuerzas que se le oponen. Elli (Edad Antigua) representa la muerte, pero Thor no puede vencerla.

El significado es que la muerte es aún el último enemigo; todavía no ha llegado el tiempo de la transición consciente al mundo espiritual.

El gigante con quien se encuentran se llama Utgardloki, el Loki del reino más externo, sin embargo, éste obviamente no es Loki. El poder que conocemos como Loki influye en el mundo interior. El poder negativo en el otro mundo, el Loki del mundo más externo es su contrapartida, Ahriman. Es posible que el escritor del cuento no diferenciara entre los dos poderes del mal. Tampoco lo hizo Goethe. La figura de Mefistófeles, en su Fausto, es una mezcla de ambos.

Thor Busca el Calderón de Hymir

No todos los gigantes eran enemigos de los Ases. El dios del mar, Aegir, solía invitarlos a una fiesta de vez en cuando.

Una vez los Ases llegaron inesperadamente a su palacio, muriendo de sed. Thor pidió a Aegir que trajera aguamiel para beber, pero éste le dijo que antes era necesario elaborarla y que no disponía de un calderón suficientemente grande para ello. Sugirió que Thor consiguiera uno. Tyr dijo que su padrastro, el gigante Hymir, tenía uno y que ellos debían ir a buscarlo.

Thor y Tyr se pusieron de acuerdo y partieron hacia la morada de Hymir, que estaba en el borde del mundo. Al principio viajaron en el carro de Thor, tirado por sus dos cabras, pero luego las dejaron con un amigo y siguieron a pie.

Llegaron al palacio de Hymir, donde un monstruo, con forma femenina y con novecientas cabezas, vino a su encuentro. A pesar de ello, entraron y se encontraron con una mujer muy bonita. Ella saludó a Tyr como su hijo y dijo a los visitantes que Hymir al principio no recibía bien a ninguna visita, por lo que ellos debían esconderse hasta que su enojo hubiera disminuido.

Cuando Hymir regresó a casa, ella le contó que tenía visitas que estaban sentadas tras una de las columnas. Él miró hacia la columna y ésta se hizo añicos, dejando caer la viga de la cual colgaban múltiples calderones. Todos se hicieron añicos, salvo el más grande. Después de un rato, él se dignó a darles de cenar. Thor comió tanto que Hymir dijo que debían salir de caza si querían volver a comer, pero Thor prefirió ir de pesca.

Thor y Hymir salieron en un bote y Hymir atrapó dos ballenas, pero Thor quería pescar la Serpiente de Midgard. La pescó e intentó meterla dentro del bote, pero Hymir se asustó y cortó el hilo.

Llegando a tierra, Thor arrastró el bote, las ballenas y los remos hasta el palacio de Hymir. Esto enojó al gigante, porque lo había hecho parecer más débil, y dijo que solo reconocería a un hombre como el más fuerte, si podía romper determinada copa. Thor la tomó y la arrojó contra una columna de piedra. La columna se hizo añicos pero la copa permaneció entera. La esposa de Hymir dijo a Thor, en secreto, que debía arrojarla contra la cabeza de Hymir. Thor lo hizo y la copa se rompió. Entonces dijo Hymir: "Lo que es mío, ahora es tuyo". Tyr intentó levantar el calderón, pero no pudo moverlo. Entonces Thor lo levantó y siguieron su camino. Casualmente Thor miró a su alrededor y vio una horda de gigantes persiguiéndolos, así que puso el calderón en el piso, asió su martillo y, lanzándolo, los mató a todos.

Entonces llevaron el calderón a Aegir y él pudo preparar el aguamiel que los dioses pedían.

* * *

El cuento del calderón de Hymir nos relata que a los dioses les faltaba bebida para calmar su sed. Obviamente Hymir tiene relación con Ymir, pertenece al pasado. El deseo de los dioses, de beber aguamiel, significa que ellos deseaban destilar algo de la sabiduría antigua y traerla al presente, por decirlo de alguna manera. Quien mejor podía encontrar los medios para ello, sin duda, era Thor, apoyado por Tyr, las fuerzas del Yo apoyadas por la voluntad.

Al principio, Thor y Tyr viajaron en el carro tirado por las cabras de Thor. Luego siguieron a pie, es decir, abandonaron el mundo de los sentidos. (Hymir vivía en el borde del mundo). Un monstruo fue a su encuentro, luego una mujer hermosa, experiencias espirituales en el proceso de iniciación. Hymir no ansía recibir visitas. Sus ojos demuestran fuerzas sobrenaturales, pero, finalmente, ofrece la cena a sus visitas. El viejo orden no cambia tan fácilmente.

Él sugiere salir de caza, pero Thor opta por la pesca. Thor está vinculado al elemento líquido, la sangre que fluye. Intenta atrapar y destruir a la Serpiente de Midgard, pero es frustrado por Hymir. El Yo está en conflicto con las pasiones salvajes, pero es entorpecido en el intento de subyugarlas. El hecho es que Hymir es un gigante de las tormentas, trabaja en las fuerzas astrales, por eso tiene relación con la descendencia de Loki, la Serpiente de Midgard, por eso, no desea verla destruida.

Llegando a tierra Thor carga, al mismo tiempo, el bote y dos ballenas que Hymir había pescado. Este último, celoso de la fuerza de Thor, quiere una prueba más contundente. Hymir entrega una copa a Thor para que la rompa, arrojándola contra una columna. La copa nos recuerda el Grial. Contiene sustancia espiritual, aunque antigua, en este caso. La columna se rompe, pero no la copa.

Sin embargo, más dura que la columna es la cabeza de Hymir, que representa las antiguas fuerzas osificadas. La copa se rompe al dar contra ella y Hymir reconoce que ha llegado su hora. Sin mucha alharaca, entrega el calderón, pero es difícil cargarlo y solo Thor puede hacerlo. Las fuerzas antiguas se unen una vez más para evitar que se las lleven, pero Thor las vence. El poder del Yo es primordial.

Thor Lucha con los Gigantes Geirrodur y Rungnir

El gigante Geirrodur vivía en un gran castillo en Jotunheim.

A propósito, Loki habló en Asgard sobre este gigante delante de Thor, diciendo cuánto le gustaría a Geirrodur encontrarse con Thor y alabando su hospitalidad. Thor se sintió halagado y aceptó ir a visitarlo con Loki. Este último lo persuadió de dejar su martillo de lado, pues si lo llevaba iba a parecer mal educado.

En el camino, los viajeros pasaron una noche en el palacio de Grid, una gigante que era amistosa con los Ases. Cuando Loki se durmió, Grid contó a Thor la verdad sobre el gigante, que distaba mucho de ser hospitalario. Ella ofreció prestarle su propio cinturón de la fuerza, sus guantes de hierro y su bastón irrompible.

A la mañana siguiente, Thor y Loki siguieron viaje y llegaron a un gran torrente, ruidoso y terrible. Thor, gracias al préstamo de los tesoros de Grid, pudo cruzarlo sin correr riesgos, pero Loki fue empujado por la corriente hacia la orilla, y aprovechó la oportunidad para volver a casa, en Asgard.

Thor llegó al castillo de Geirrodur y fue recibido por los enanos que lo servían. Lo llevaron a un cuarto para visitas y le indicaron que se sentara en una silla, donde él se sentó y cayó dormido. Repentinamente despertó y descubrió que estaba elevándose, pero puso el bastón irrompible contra el techo y se impulsó nuevamente hacia abajo. Bajo la silla oyó un llanto terrible. Las dos hijas habían intentado estrellar a Thor contra el techo, pero él había invertido la situación cayendo sobre ellas y ahora ellas yacían muertas.

Los siervos llevaron a Thor al gran salón, donde había muchas hogueras ardiendo, y donde, en un rincón, lo esperaba el gigante. Geirrodur tenía tenazas en sus manos, y con ellas levantó una bola roja y caliente y se la lanzó a Thor. Thor estaba vistiendo los guantes de hierro y la atrapó. El gigante se escondió tras una columna. Thor le devolvió la bola. Ésta atravesó la columna, atravesó al gigante, atravesó la pared y se terminó de quemar afuera, sobre la tierra.

Con el bastón de Grid, Thor se dirigió a todos los enanos y rompió sus cráneos. Entonces se fue, regresando a Grid las cosas prestadas y pensando en el Loki de dos caras.

Otro gigante al que Thor tuvo que vencer en un desafío fue Rungnir, el gigante de la Montaña, que tenía el cráneo de piedra. Rungnir lo había retado a duelo y ambos resolvieron encontrarse donde Asgard limita con Jotunheim.

Thor tenía su martillo y Rungnir estaba armado con una piedra de afilar. Arrojaron sus armas al mismo tiempo, y martillo y piedra de afilar se encontraron en el aire. La piedra se rompió y un pedazo se clavó en la cabeza de Thor, produciéndole dolor, pero el martillo siguió ileso su trayectoria y golpeó al gigante, causándole la muerte.

Los Ases pidieron a la bruja Groa que cantara hechizos sobre la cabeza de Thor, ella así lo hizo, logrando que el dolor se fuera de su cabeza. Entonces Thor le dio noticias de su marido, lo que la alegró tanto que olvidó sus hechizos y se fue corriendo. La astilla permaneció en la cabeza de Thor, pero él ya no sintió dolor.

* * *

Geirrodur

Este es casi un encuentro clásico: las fuerzas del Yo contra los dos adversarios, Lucifer y Ahriman. Como de costumbre, Loki-Lucifer es el instigador de los eventos.

Loki seduce a Thor y de esto resulta que Thor se confronta con Geirrodur. Cuando Thor cae en los halagos de Loki, el último se retira.

Camino al encuentro del gigante, Thor recibe ayuda, es decir, hay mediaciones disponibles, tanto para ayudar como para entorpecer. El mismo Thor posee un cinturón de fuerza, pero aquí recibe uno prestado, que representa las fuerzas cósmicas. Los guantes de hierro están relacionados con el hierro de la sangre y el bastón irrompible es el poder del Yo.

El cuento muestra cómo los poderes del Yo encuentran dificultades, cómo son ayudados y atacados, pero finalmente triunfan.

Rungnir

Otra vez se encuentran dos fuerzas. De todos modos, el arma de Thor es más fuerte, la fuerza del Yo vence. Pero algo de los antiguos poderes infecta a los nuevos. Puede hacerse sin dolor, pero la erradicación final es algo que pertenece al futuro.

El Collar de la Discordia

A pesar de que su padre integraba los Vanes, Freya vivía feliz con su esposo en Asgard.

Un día, ella hizo un paseo por Midgard y Loki la siguió sin que ella se diera cuenta. Llegó a los límites de Svartalfheim, donde vivían los duendes negros. Ellos le prepararon una trampa. En una amplia cueva montaron su fundición e hicieron el collar más maravilloso que se hubiera visto.

Freya fue a visitarlos, lo vio e inmediatamente quiso comprarlo. Los cuatro duendes que lo habían hecho no aceptarían dinero, pero le dijeron que podría tenerlo si aceptaba casarse por un día y una noche con cada uno de ellos, por turnos. Ella estaba tan deslumbrada que olvidó a su esposo, a su hogar en Asgard y aceptó.

Regresó a Asgard con el collar. Loki también regresó e informó a Odín sobre lo sucedido. Odín le ordenó que le trajera el collar.

Loki se transformó en una mosca para entrar en el dormitorio de Freya mientras ella dormía. Ella tenía puesto el collar y el broche estaba bajo su cabeza. Loki se transformó en una pulga y picó a Freya en la mejilla. Esto provocó que ella diera vuelta la cabeza y Loki, volviendo a su forma original, abrió el broche, tomó el collar y salió.

Cuando Freya despertó y descubrió su puerta con el cerrojo abierto, adivinó lo que había sucedido y fue a quejarse a Odín, quien sin embargo declaró que ella solo podría recuperar el collar si acordaba suscitar guerras entre los hombres. Entonces habría batallas y hombres muertos y ella debía usar sus encantos para dar nueva vida a los cuerpos. Tan pronto como un guerrero era aniquilado, debía ser devuelto a la vida para volver a luchar. Y para recordarlo, ella debía usar siempre el collar.

* * *

Los poderes oscuros entorpecen el progreso. La llegada de Njord, de los Vanes, a Asgard significó un cambio en el género humano de la percepción clarividente y la reproducción inocente al pensar y a la generación sexual consciente, como ya fue explicado. Estos nuevos aspectos son representados por Frey y Freya.

En esta ocasión, Freya es tentada a gratificarse con el pasado.

Un collar de oro consiste en una cantidad de eslabones y, cuando es usado, cuelga próximo a la laringe. El oro es reminiscencia de la Edad de Oro, la época de los Vanes; así como un eslabón de la cadena está conectado con el siguiente, del mismo modo se conectan las generaciones de hombres en la cadena del tiempo. En un tiempo, la memoria era algo que pasaba a través de las generaciones. El hombre tenía la habilidad de recordar las hazañas de sus antepasados mediante la estrecha relación sanguínea. En la época de los Vanes, el poder de la palabra era creativo.

Por desear el collar, Freya está siendo tentada a mirar al pasado. Las fuerzas anímicas se vuelven a situaciones anteriores. No obstante, Loki estaba observando. Él debía ocuparse del desarrollo futuro, si bien según sus propios intereses. Loki-Lucifer trajo al hombre a la existencia física, lo hizo consciente de la sexualidad y consciente de sí mismo; afectó el habla de tal modo que perdió su poder original. Se desarrollaron diferentes idiomas. De aquí que Loki debiera vigilar las aventuras de Freya y relatarlas a Odín, el Padre de Todos.

Odín saca ventaja de la situación. El provocar guerras, morir en batallas y ser revivido tiene que ver con que aquellos que mueren jóvenes, tienen una reserva de fuerzas sin usar, viven en el mundo espiritual y sostienen a las nuevas generaciones de la estirpe. En una época de intelectualidad creciente, también predestinada, las fuerzas vitales son necesarias como equilibrio. Odín necesita que su estirpe (los pueblos germánicos) reciba fuerzas rejuvenecedoras.

La representante del amor sexual está bien calificada para esta tarea. Usar el collar como recordatorio significa estar constantemente atento a la evolución futura.

Odín Visita a Vafthrudnir

Un día, Odín decidió visitar al gigante Vafthrudnir, para probar su sabiduría. Se presentó ante el gigante como Gagnrad, que significa "el que está bien asesorado". Fue bienvenido y preguntó si acaso era posible que el gigante lo supiera todo. Vafthrudnir se ofendió y dijo que su visitante no saldría vivo, a menos que probara ser más sabio que él. Ellos se desafiaron y apostaron sus cabezas.

Vafthrudnir comenzó el interrogatorio. Preguntó sobre la alternancia entre día y noche y sobre el mundo de dioses y hombres. Gagnrad contestó todas las preguntas correctamente. Entonces fue su turno de preguntar.

Preguntó al gigante sobre la creación del mundo, su evolución, su futuro y el día de Ragnarok. Todas esas preguntas fueron respondidas correctamente. Odín preguntó: "¿Quién permanecerá vivo cuando termine el largo invierno?", y el gigante respondió: "Lif y Lifthrasir viven escondidos en el bosquecillo de Hoddmimir. A partir de ellos se desarrollará una nueva estirpe". Odín preguntó: "¿Quién será el guía después del día de Ragnarok?", y el gigante respondió: "Vidar y Vali serán los guías después del día de Ragnarok. Modi y Magni empuñarán Mjölnir". Odín preguntó: "¿Cómo amanecerá después que Fenris se haya tragado el Sol?, y el gigante respondió: "El Sol tendrá un hijo, que no será menos bello que él, que seguirá el camino de su padre". Odín preguntó: "¿Qué fue lo que Odín susurró al oído de Baldur, antes de ser quemado en la pira funeraria?".

El gigante se asustó. Mirando fijamente a su visitante, lo reconoció y dijo: "Solo Odín puede saber qué susurró en el oído de su hijo. Se me acabó el tiempo. Yo me medí con Odín. Él es más sabio que yo". Esas fueron las últimas palabras que dijo en su vida.

*** * * ***

La narración tiene que ver con el fin de los antiguos poderes y el advenimiento de los nuevos.

La conversación es un vestigio de un proceso de iniciación. Apostar la cabeza significa ofrecer el propio Yo. El sabio prueba el conocimiento y la idoneidad del candidato a iniciado. Vafthrudnir era un gigante amistoso. Él podía enseñar sobre la evolución pasada y, hasta cierto punto, podía saber de las cosas que vendrían. Pero había algo nuevo que iba más allá de su experiencia y conocimiento. El regreso de Baldur representa la posibilidad de una nueva forma de visión espiritual, pero esto es provocado porque un nuevo poder (Cristo) entra en la evolución. El gigante desconocía esto.

El Regalo de una Reina

Una vez, un pobre pastor estaba en las montañas, cuando se encontró con una abertura en un glaciar. Aventurándose en su interior, se encontró en un salón revestido de joyas y ante la presencia imponente de una hermosa mujer, que sostenía un pequeño ramo de flores azules en su mano. Era Frigga.

El pastor sintió gran respeto por ella y se arrodilló a sus pies, pero ella le ordenó que se levantara y le preguntó qué le gustaría llevarse de recuerdo a su casa. El pastor pidió las flores que ella tenía en su mano y fue elogiado por su sabiduría. Las flores le fueron dadas, y también algunas semillas que producirían más de ellas.

Cuando llegó a su casa, su esposa se enojó porque él no había elegido una joya, pero él sembró las semillas y, después de un tiempo, tuvo una hermosa cosecha de candorosas flores azules.

Cuando estuvieron marchitas y las semillas maduras, Frigga apareció como una anciana mujer, visitó a la pareja y le enseñó a hilar los tallos, transformándolos en hilo, y a tejer el hilo, formando lienzos, ya que esta planta era el lino.

Pronto vinieron muchas personas a comprar el fantástico material y el pastor y su esposa prosperaron.

* * *

Esta narración es una ilustración de sabiduría inspirada. En tiempos pasados las personas mantenían contacto directo con los dioses y recibían instrucción de ellos.

La Muerte de Baldur

Por lo general, Baldur era alegre y contento, pero comenzó a tener pesadillas. La tristeza se apoderó de él y lo turbó, así como a los Ases. Le preguntaron a qué se debía, pero él solo pudo responder que tenía presagios de muerte.

Odín estaba determinado a descubrir más al respecto. Ensilló su caballo y cabalgó hasta el reino de Hela. En lugar de ingresar a su palacio, que estaba ricamente decorado, como si se esperara una visita importante, cambió de rumbo y se dirigió a la tumba de Volva, la profetisa. Con cantos y encantos le pidió que saliera y le preguntó para quién había sido tan ricamente adornado el palacio de Hela. Ella le contó que esperaban a Baldur, que sería asesinado por Hoder y que Vali (otro hijo de Odín) lo vengaría. Le contó que Loki sería encadenado, pero que lograría soltarse. Ella predijo un gran invierno sobre la Tierra, y luego permaneció en silencio.

A su regreso, Frigga le dijo que no debía preocuparse porque ella había logrado que todas las cosas le prometieran que no lastimarían a Baldur. Los Ases decidieron poner a prueba la promesa. Arrojaron piedras, lanzas y hachas a Baldur, pero ninguna lo tocó y hubo gran regocijo.

Loki observaba todo con disgusto y, transformándose en una anciana mujer, fue a ver a Frigga. Simulando estar perplejo por la alegre reunión, descubrió que Frigga había olvidado una planta que consideró que no era importante, se trataba del muérdago.

Volviendo a su forma original despúes de alejarse de Frigga, Loki buscó y encontró un poco de muérdago. Hizo un dardo con sus tallitos y volvió a la fiesta. Se compadeció del ciego Hoder porque no podía unirse a la diversión. Entonces puso el dardo en su mano y lo guió una vez que Hoder lo arrojó.

El dardo alcanzó a Baldur y éste cayó muerto, pasando a ser un espíritu en el reino de Hela. Los Ases estaban consternados y los envolvía un sentimiento de horror. Loki se fue furtivamente.

Frigga preguntó si alguien estaba dispuesto a cabalgar al reino inferior para ofrecer un rescate por el regreso de Baldur. Hermod, el más veloz de los Ases, se ofreció. Odín le prestó su caballo Sleipnir y le dio su anillo, para que se lo diera a Baldur.

Hermod cabalgó durante nueve noches. Cruzó un puente que ningún hombre había cruzado antes estando vivo. Llegó al palacio de Hela y allí estaba sentado, en el asiento de honor, el espíritu de Baldur. Escuchó a Hela pronunciando sentencias sobre la muerte. Habló con ella y le preguntó si se le podría permitir a Baldur regresar a Asgard. Su respuesta fue la siguiente: si todas las cosas, muertas o vivas, lloraran por Baldur, entonces él podría regresar, pero si una sola fallaba, él debería permanecer con ella. Baldur no aceptó el anillo de Odín y lo devolvió. Hermod, cabalgando, se fue.

Volvió a Asgard y transmitió el mensaje de Hela. De inmediato, los Ases enviaron mensajeros por todo el mundo y parecía que todas las cosas, toda la gente, aún los gigantes y enanos, llorarían por Baldur. No obstante, una gigante, Thokk, que vivía en una profunda cueva en Jotunheim, se rehusó a hacerlo. Los Ases no dudaron que dicha gigante fuera el propio Loki o uno de sus secuaces.

Los Ases hicieron una enorme pira funeraria en el barco de Baldur, pero el barco estaba tan pesado que no pudieron echarlo al mar y tuvieron que pedir ayuda a la gigante Hyrrokin, a quien llamaron de Jotunheim. Cuando el barco estuvo en el agua, llevaron allí el cuerpo de Baldur y lo colocaron sobre la pira funeraria. El corazón de Nanna se partió y ella murió. Su cuerpo fue colocado al lado del de Baldur. Odín puso su anillo en el dedo de Baldur y susurró en su oído. Se reunió una gran concurrencia: los Ases, enanos, duendes y gigantes. Colocaron una antorcha en la pira funeraria, desamarraron el barco y, lentamente, salió navegando hacia el mar. Las llamas brillaron luminosas y se elevaron en el aire hasta que parecía que el barco alcanzaba el horizonte, cuando, de repente, desapareció.

* * *

Baldur era conocido como "el hermoso". Tenía un aura luminosa a su alrededor. En su presencia había siempre alegría, felicidad y fuerzas curativas. Nadie luchaba con él y él no reñía con nadie. Su muerte es el preludio del ocaso de los dioses, cuando los hombres perderían, finalmente, la percepción del mundo espiritual. Las pesadillas y presagios de muerte que tiene Baldur son la premonición de tiempos diferentes.

Baldur representa la conciencia clarividente, que sabía de lo espiritual en la naturaleza; Nanna, su esposa, las fuerzas inocentes del mundo vegetal. Los pueblos nórdicos eran conscientes de la presencia de seres divinos a su alrededor, que se manifestaban en el color, en el habla, en las plantas, en los animales y en los hombres. Sentían también la actividad de los seres espirituales en los elementos: en el fuego, en el agua, en el aire y en la tierra, pero también sentían que una era de oscuridad estaba llegando. Era un preludio de los tiempos modernos, en los que la visión espiritual desapareció, en los que la naturaleza perdió su alma, en los que se considera que tan solo la percepción sensorial es capaz de alcanzar la verdad y las cosas son juzgadas desde el punto de vista material del peso y la medida. El pensamiento pasa a ocupar el lugar de la visión, de aquí la referencia al tiempo de invierno. La existencia terrenal se vuelve invernal, porque el pensamiento es frío.

Odín sabía que los tiempos cambiarían, pero eso fue confirmado con su visita a la profetisa. Él la visitó haciéndose llamar Wegtam, que quiere decir "el que conoce el camino". La frase significa "iniciado". Viaja en Sleipnir, el caballo mágico, es decir, hace un viaje en lo espiritual. La profetisa señala la vinculación de Loki y el momento en que éste sería liberado, así como la muerte de Baldur y los sucesos posteriores a ella. Habla sobre el invierno que cubrirá la Tierra y, en determinado momento, se niega a seguir hablando. Ella estaba anunciando que ese camino de iniciación ahora está cerrado.

Lucifer era responsable de la caída, es decir, el descenso del hombre al mundo físico. Bajo la forma de Loki continúa su esfuerzo. Usa el muérdago para hacer un arma.

El muérdago es una planta singular. Se ha emancipado del ritmo solar, fructifica en el solsticio de invierno; no pertenece propiamente a la tierra, no tiene raíz, es un parásito. Pertenece a una clase diferente de las demás creaciones terrenales y es por eso que Loki puede utilizarla. Hoder representa la conciencia ciega para lo espiritual, es una fuerza ahrimánica; o sea, una vez más, Loki actúa con su contraparte para el aparente perjuicio del hombre. Baldur muere y desaparece la visión espiritual. La luz espiritual no se manifiesta por mucho tiempo más y debe ser buscada en otro mundo. Hermod se ofrece para hacerlo.

Él viaja durante nueve noches, es decir a través de nueve esferas. Es otra imagen del proceso de iniciación. Odín envió su anillo a Baldur, pues quiere que Baldur retenga las memorias del mundo superior, pero Baldur lo devuelve, es decir, la memoria de lo espiritual debe permanecer en la Tierra. Tampoco Baldur es liberado. Se nos cuenta que, en este nivel de evolución espiritual, la visión espiritual se pierde. Solo si todas las cosas lloran por Baldur, éste puede ser liberado. La gigante se niega. Ella porta lo más endurecido del alma humana, que se ha secado debido a la falta de intuición espiritual, por lo tanto, no hay más intuición espiritual.

El barco de Baldur se aleja. La pira funeraria arde con brillo. La luz regresa a la luz. El espíritu se dispersa rápidamente en la esfera del aire.

El mensaje que Odín da a Baldur es que él regresará, es decir, aquello que se hunde en las profundidades del alma humana, no está perdido para siempre. Ocurre una metamorfosis. Porque se pierde la visión espiritual y debe desarrollarse la conciencia terrenal en pro de la libertad humana. Con el tiempo se dará una renovación. Las ciencias física y espiritual se unirán. Baldur y Hoder serán aliados. Sus hijos alcanzarán el "lejano hogar de los vientos", es decir, el mundo espiritual.

¿Por qué las palabras de Odín en el oído de Baldur fueron consideradas un secreto? La razón es que serán desarrolladas nuevas fuerzas cognitivas que no pueden ser deducidas de la evolución pasada. Es un anuncio de la venida de Cristo.

Frey se Enamora de la Hija de un Gigante

Un día Frey se sentó en el alto trono de Odín y revisó todos los mundos. Miró hacia Jotunheim y vio el palacio de Gymir, de donde salía su hija, Gerda. Ella levantó sus brazos y pareció que aumentaba la luminosidad de todo el cielo y la tierra. Era como un reflejo de una intensa luz gélida.

Frey se enamoró perdidamente de ella. Le dolía el corazón; fue invadido de melancolía. No podía comer más, no podía dormir más. Njord, su padre, se preocupó mucho por él. Llamó a Skirnir, el siervo de Frey, y le pidió que descubriera cuál era el problema.

Al principio, Frey no dijo palabra, pero después de ser persuadido, se desahogó. Skirnir se ofreció para ir a buscar a Gerda, si recibía a cambio el caballo de Frey y su espada mágica. Frey estuvo de acuerdo, pero vivió para lamentarlo, ya que su espada le habría sido útil en el día de Ragnarok.

Skirnir partió de viaje. Cabalgó toda la noche sobre llanuras, sobre altas montañas. Cabalgó a través de una cortina de fuego para alcanzar el castillo de Gymir.

Gerda lo recibió con frialdad. Él le ofreció regalos: once manzanas de oro, incluso el anillo de Odín, que él había conseguido, pero sin resultado. Entonces la amenazó con la espada, y le prometió terribles maldiciones si no aceptaba ser la novia de Frey.

Al fin ella aceptó, pero dijo que solo iría a Asgard nueve noches después. Skirnir llevó el mensaje a Frey, quien se mostró muy angustiado por tener que esperar tanto tiempo.

* * *

De la manera más simple, la narración ilustra una etapa en el desarrollo humano, que podría ser de un individuo o de toda la humanidad en general. Tomando el caso individual, observamos que, en el crecimiento de un niño, una entidad anímico-espiritual encarna en una física. Se puede observar las etapas. Este cuento concreto representa la etapa de la pubertad. Es la edad de la madurez física, pero al mismo tiempo es la edad en la cual se desarrollan, la percepción individual y el juicio independiente. La imagen que se nos presenta es la de la apreciación del mundo sensorial, que es abrumadora. El adolescente no está seguro de sí. El mundo de los sentidos está lleno de atracciones, también de escollos, a menos que lo penetre la razón.

El cuento también puede ser visto como un mito de la naturaleza, ya que Frey es el dios de la fertilidad y Gerda representa la tierra, pero se puede ver también con mayor amplitud.

Skirnir significa "el que brilla". Él representa el otro yo de Frey. El nombre Gymir tiene cierta afinidad con Ymir, de ese modo, eso significa una conexión material.

Los sucesos ocurren, obviamente, después del deceso de Baldur. La luz del espíritu se ha ido y el mundo material está llamando.

Frey es hijo de Njord, uno de los Vanes. La era de los Vanes fue cuando el ser humano poseía la clarividencia primitiva y la reproducción era inconsciente. Njord se casó con Skadi, una giganta, y sus hijos eran de descendencia mixta. Esto significa que la clarividencia original y la reproducción inocente han sido reemplazadas. Ahora es tiempo del pensamiento y del poder de la imaginación y de la reproducción sexual. Pensamiento e imaginación son simbolizados por el caballo de Frey y la espada. Frey ahora busca unirse con los poderes de Jotun.

Las fuerzas de Jotun, a menos que sean transformadas, son destructivas. Esa es la imagen que surge cuando Skirnir amenaza y maldice a Gerda. Esta naturaleza inferior puede ser salvaje a menos que vaya unida con la superior. Al mismo tiempo, las fuerzas de la razón, que son frías e intelectuales, necesitan combinarse con las del sentir y del querer.

Vali, el Vengador

Baldur estaba muerto. Hoder, a pesar de haber lanzado el dardo fatal sin saberlo, debía morir. Odín sabía que su vengador debía ser el hijo de una madre mortal, a quien él debía cortejar y que sobreviviría Ragnarok. Pero él no sabía quién sería su esposa mortal, de modo que envió a Hermod, en el caballo Sleipnir, a consultar al mago Rossthiof, quien vivía en el extremo Norte. El mago intentó atrapar a Hermod con su magia, pero Sleipnir era un caballo maravilloso y Hermod traía consigo la espada rúnica de Odín, que usaba para defenderse de los seres malignos.

Rossthiof apareció en su camino en forma de gigante, sosteniendo una cuerda con la que esperaba atrapar al caballo y al jinete. Pero Hermod lo golpeó con la espada de Odín y luego lo ató con su misma cuerda. En ese momento, el mago ya deseaba responder la pregunta sobre la madre del vengador de Baldur.

Murmuró encantos y conjuros y una visión de una hermosa mujer con un niño en brazos se elevó ante Hermod. El niño creció de repente, transformándose en un joven. Tenía un arco y un carcaj. Tomó una flecha y la arrojó. La visión se diluyó.

Rossthiof explicó que la mujer era Rinda, la hija de Billing; que el niño era Vali, destinado a ser el vengador; y que Odín iba a ser el padre, pero que debería cortejar a Rinda y ganársela como un mortal.

Hermod llevó el mensaje a Odín, quien dejó a un lado su majestad divina. Con su sombrero de ala ancha, su capa azul y su lanza, partió hacia Midgard, donde ofreció sus servicios de experimentado guerrero al rey Billing.

Un enemigo iba a invadir la tierra de Billing y el disfrazado Odín aceptó liderar el ejército del rey, diciendo que, cuando hubiera probado su valor, probaría su suerte con la hermosa Rinda.

Fue victorioso en el campo de batalla, pero Rinda lo rechazó.

Sin frustrarse, Odín dejó la corte y volvió con otro disfraz, esta vez como orfebre. Su conocimiento del oficio era magnífico. Hizo un regalo a Rinda, pensando así conquistar su amor. Ella lo rechazó.

Regresó una vez más como un joven y hermoso guerrero. Esta vez Rinda parecía interesada y aceptó encontrarse con él en secreto, pero era una trampa y los soldados vinieron para arrestarlo. Odín logró escapar, pero no antes de conseguir tocar a Rinda con su vara mágica.

Después de eso, ella parecía estar loca. Un día, una anciana mujer ofreció curarla, poniendo como condición que debía estar un rato con la niña, a solas y sin ser molestada. Esto fue aceptado y la anciana mujer fue conducida a la habitación de Rinda y dejada allí. La anciana mujer se quitó es disfraz, y allí estaba Odín. El habló dulcemente. Ella entendió y aceptó ser su esposa.

Después de un tiempo Odín regresó a Asgard. Un día, un niño apareció preguntando por Odín, su padre. Ante los ojos de los Ases, el niño se transformó en joven y el joven en hombre. Colocó una flecha en su arco y la lanzó contra Hoder, que cayó al suelo y murió.

Hoder descendió al palacio de Hela y allí Baldur lo saludó, recibiéndolo con los brazos abiertos y con una sonrisa en el rostro. Allí pasaron juntos tiempo muy agradable hasta el día de Ragnarok.

* * *

Cuando Odín consulta a la profetisa, ella le dice que Vali vengará a Baldur. Ella indica que un niño-héroe nacerá con nuevos poderes. Está en el orden mundial que la antigua clarividencia deba desaparecer y la humanidad deba ser ciega al mundo espiritual. Es decir, Baldur es asesinado por Hoder, pero está también en el orden mundial que la ceguera espiritual sea superada mediante el desarrollo de nuevas fuerzas, en un estadio más elevado que el anterior, es decir, el advenimiento de Vali. Vali representa estas nuevas fuerzas, que deben ser alcanzadas con esfuerzo y contra aquellas originalmente dadas por los dioses. El camino de desarrollo pasa por el mundo físico, por lo tanto, Odín debe casarse con una mujer mortal.

No sirve cualquier mujer, por eso Hermod, el mensajero, busca una guía superior. Viaja en Sleipnir, por lo que es un viaje espiritual. El episodio es una reminiscencia del tiempo en que hombre y mujer eran reunidos con las instrucciones de un iniciado, para que encarnara un alma especial.

El cortejo de Odín nos recuerda al príncipe de los cuentos de hadas, que debe vencer todo tipo de dificultades para ganarse a su princesa.

Su hijo viene a Asgard y crece súbitamente, transformándose en un hombre, es decir que, en la madurez retiene sus fuerzas de la infancia. No ha sido contaminado. Es el mismo caso de la frase bíblica: "A menos que lleguen como niños, ustedes no podrán entrar en el reino de los cielos".

Vali dispara contra Hoder, lo que significa que la ceguera hacia el mundo espiritual será superada.

Vafthrudnir profetizó que Vidar y Vali administrarían cosas sagradas después de Ragnarok, cuando las llamas de Surtur se hubieran extinguido.

Los Insultos de Loki

Los Ases habían ido a una fiesta con Aegir, el dios del mar. Loki también estaba allí, pero el ambiente placentero y de colaboración reinante lo enfadaron. Se sentía especialmente molesto cuando los sirvientes alabados continuamente por sus cuidados y, levantando un cuchillo, apuñaló a uno de ellos y salió corriendo.

Poco después regresó. Fue detenido en la entrada, pero se abrió camino, diciendo que tenía total derecho de estar allí y reclamando inmunidad de ataque. Cuando entró, se hizo silencio. Preguntó a qué se debía y pidió también algo fresco. Bragi le dijo que ya no era bienvenido y, como resultado, recibió insultos.

Loki se volvió hacia Odín, recordándole su antigua alianza, después de lo cual Odín indicó a Vidar que le diera algo de beber. Loki entonces comenzó a insultar a todos y cada uno de los miembros de los Ases allí presentes, recitando sobre su mala conducta y sus fechorías. Solo exceptuó a Vidar. Luego hizo alarde de sus logros, uno de los cuales fue provocar la muerte de Baldur.

En ese momento, Thor regresó de un viaje en el Este. Loki también lo insultó, pero Thor tomó su martillo y

Loki salió tan rápido como pudo, gritando que todo lo que estaba allí pronto estaría ardiendo en llamas.

* * *

En el episodio con el siervo, Loki revela su naturaleza. Puede parecer natural que los Ases tomaran represalias cuando él regresara, pero ellos estaban en un santuario y, si bien Loki había sido desleal, los demás no podían hacer lo mismo. Había silencio porque los Ases sabían que Loki traería nuevos problemas. Bragi, el portavoz de los dioses, intentó impedirlo, pero sin éxito.

El papel de las fuerzas negativas en la evolución ya fue descrito. Lucifer tiene un lugar en el orden mundial. Es por eso que no se le puede negar su lugar en la fiesta.

Al crear el hombre, los dioses tenían una meta, pero era un ideal y los ideales no siempre llegan a realizarse o, en todo caso, solo llegan a realizarse por caminos tortuosos. Los dioses fueron desviados por fuerzas negativas, representadas por Loki, y en ese momento, él utiliza sus éxitos para burlarse de ellos. Sus insultos son realmente una descripción de la influencia que él ha tenido en el círculo de los Ases. Vidar es el único que no fue presa de las fuerzas lucifércias. Es por ello que tiene una tarea después del día de Ragnarok.

Loki no puede confrontarse con las fuerzas despiertas del Yo, por eso sale corriendo cuando aparece Thor.

El Castigo de Loki

Después de la muerte de Baldur y después de los agraviantes comentarios de Loki, los Ases decidieron que debía ser castigado. Loki sabía qué podía esperar. Estaba asustado y se escapó. Se escondió en una cabaña en una zona desierta de Midgard próxima a un río y se puso a tejer una red con un hilo de lino. Ese fue un oficio inventado por Loki.

Sin embargo, Odín lo vio desde su alto asiento y los Ases partieron a capturarlo. Loki los vio aproximarse. Rápidamente arrojó su red al fuego y saltó al río, transformándose en un salmón.

Los Ases descubrieron las cenizas de la red e hicieron una para ellos, con la que rastrearon el río. Cuando Loki quiso saltarla, Thor lo capturó. Loki intentó liberarse de las garras de Thor sacudiendo el cuerpo, pero fue en vano. Entonces volvió a su forma original.

El cautivo fue conducido a una profunda cueva y atado a tres rocas con cuerdas de tripa, que se transformaron en hierro. Un cabo le rodeaba el cuello, otro, el bajo vientre y el tercero, las articulaciones de las rodillas. Le producían dolor. Skadi colgó una serpiente venenosa sobre su cabeza, de modo que goteara veneno en su rostro. Sigyn, su fiel esposa, permaneció a su lado, sosteniendo un recipiente para recoger las gotas, pero cuando tenía que salir a vaciar el recipiente, el veneno caía sobre el rostro de Loki y lo hacía retorcerse de dolor. Cada vez que esto sucede, la tierra tiembla.

Loki se encontraba allí y allí quedó hasta el día de Ragnarok.

* * *

Este cuento narra uno de los sufrimientos de la humanidad provocado por Lucifer.

Lucifer trajo el hombre al mundo físico y las fuerzas luciféricas están actuando en el ser humano. ¿Cuáles son las consecuencias? El hombre se sobrepasa e intenta escapar del resultado de sus propios actos. Es atrapado en su propia red. Las fuerzas del Yo prevalecen, pero no sin sufrimiento.

La imagen de Loki como un salmón es muy adecuada. Él es un "tipo escurridizo". Thor, metiéndose en el agua, lo atrapa.

Loki fue atado a una piedra en una cueva, con cuerdas de tripa que se transforman en hierro. Es una señal muy fuerte del mundo físico. En los lugares en que está atado: en el cuello, en el bajo vientre y alrededor de las piernas, él siente dolor. Esas son partes del cuerpo en las que la influencia luciférica ha sido fuerte: el habla, la reproducción y los impulsos de la voluntad. Skadi, un miembro de los Jotuns, suspende una serpiente venenosa sobre la cabeza de Loki. El veneno del materialismo gotea sobre él. Cuando esto sucede, la tierra tiembla.

En la imagen del sufrimiento de Loki se refleja qué experimenta el género humano a través de su influencia.

El Día de Ragnarok

Odín y los Ases sabían que un día el mundo, en su totalidad, perecería. Los gigantes en Jotunheim murmuraban amenazantes. Una sombra cubría Asgard. En Midgard los hombres practicaban el mal que Loki les había enseñado. El propio Odín ignoraba el futuro, pero mirando hacia Midgard, reconoció una sabia profetisa con mayor clarividencia que cualquier otra. En su disfraz, con sombrero flexible y capa azul, se dirigió a interrogarla, pero ella lo reconoció de inmediato. Ella le contó cosas del pasado pero él quería saber del futuro.

Combinando los conjuros de ambos, el espíritu de ella miró al futuro y profetizó:

"Habrá un invierno terrible que durará tres años y sofocará Midgard. Los hombres lucharán entre sí; hermano luchará contra hermano; hijos lucharán con padres; hijas abusarán de sus madres. Los fieles serán considerados tontos y los honestos mentirosos. Los lobos atraparán el Sol y la Luna. Las estrellas desaparecerán. Habrá terremotos y todos los lazos reventarán. Loki y Fenris correrán libres. El mar se enfurecerá y la serpiente de Midgard se deslizará hacia la tierra. Con la

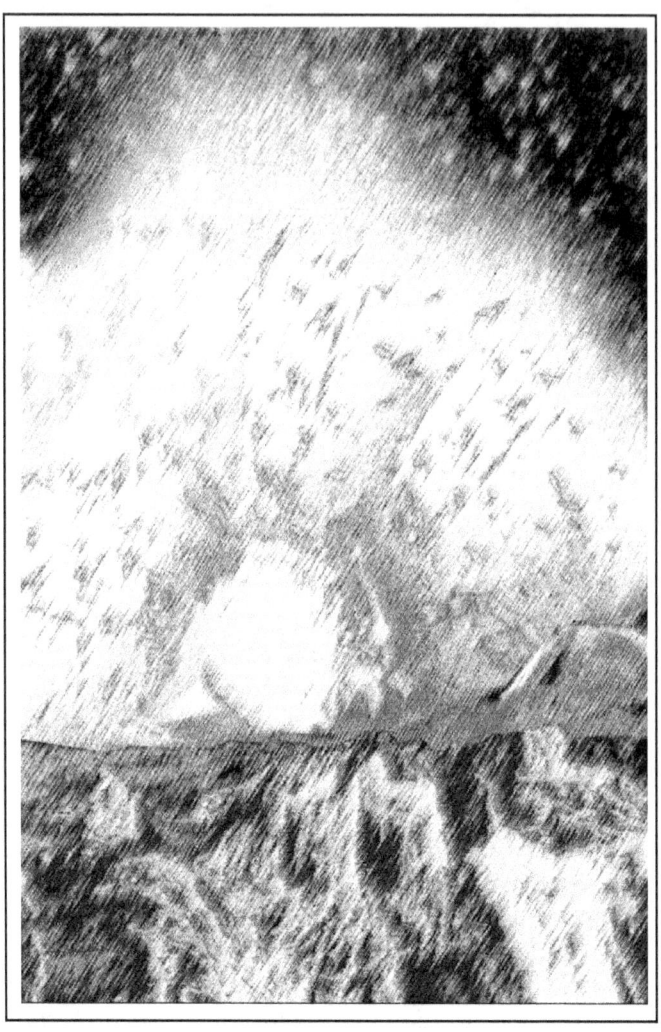

Las estrellas desaparecerán. Habrá terremotos y todos los lazos reventarán...

crecida del agua, el barco Naglfar –el barco hecho a partir de las uñas de los hombres muertos– quedará libre; estará lleno de gigantes prontos para atacar y Loki los guiará.

El árbol del mundo se estremecerá. Duendes y enanos contendrán la respiración. Heimdall soplará su cuerno.

Los Ases se reúnen con los guerreros de Valhalla para la batalla. Cuando cabalgan sobre el puente del arco iris, éste se rompe. Thor ataca la Serpiente de Midgard y la mata, pero él también muere debido al veneno de la serpiente. Loki y Heimdall provocan uno la muerte del otro. El lobo Fenris devora a Odín, pero Vidar lo mata. Vidar tiene zapatos mágicos, hechos a partir de trozos de cuero sobrante, cortado de talones y puntas de zapatos cuando son confeccionados. Él pone un pie sobre la mandíbula inferior de Fenris, se afirma en la superior y desgarra al lobo en dos partes. Garm, el perro del infierno, lucha con Tyr y se matan uno al otro. Surtur asesina a Frey e incendia toda la tierra, que se hunde en el mar.

Una nueva tierra surgirá, verde, hermosa y fértil. Antes de ser devorado por el lobo, el Sol dará a luz un hijo que brillará y seguirá el mismo camino en el cielo. Vidar y Vali sobrevivirán, del mismo modo que los dos hijos de Thor: Modi y Magni. Ellos llevarán consigo a Mjölnir. Regresando del reino de Hela, vendrán Baldur y Hoder como aliados. Honir también se une a ellos.

Midgard surgirá nuevamente de las aguas, poblada por los descendientes de una pareja que sobrevive ocultándose en la arboleda de Hoddmimir, en las profundidades de Yggdrasil. Sus nombres son Lif y Lifthrasir

(Vida y promotor de la vida"). Surgirá un nuevo Asgard y allí los hombres bendecidos se mezclarán con los Ases. Habrá una nueva Tierra. Alguien muy importante vendrá, alguien cuyo nombre no puede ser mencionado, pero cuyo poder abrazará la Tierra. Es "el Fuerte que Viene de lo Alto".

Así Odín supo lo que vendría y ahora sabemos qué fue lo que susurró al oído de Baldur: tú regresarás.

* * *

Ragnarok es el equivalente al Ocaso de los Dioses. Las narraciones cuentan del día de Ragnarok, pero "ocaso" es una expresión más adecuada, ya que los sucesos se extienden por un período de tiempo. De hecho, el ocaso comienza cuando Odín ofrece su ojo, o aún antes, con el advenimiento de Loki, pero la oscuridad es definitiva cuando el mundo se consume en llamas. Los sucesos intermedios ilustran estadios.

Si bien hablamos del Ocaso de los Dioses, su luz no se apaga. Los dioses no mueren. El ocaso se refiere a la creciente inhabilidad del hombre para percibirlos. Dura mientras los hombres permanecen ciegos al mundo espiritual. Cuando alcanzan la nueva percepción, los dioses regresan.

En un tiempo, los pueblos nórdicos poseían una clarividencia innata. Percibían y experimentaban seres y sucesos del mundo espiritual. Para ellos, en la naturaleza y en el Cosmos vivían seres superiores, con cuya existencia la suya estaba estrechamente entrelazada. Fuerzas negativas intervinieron. La mente pasó a dirigirse al mundo físico. La visión espiritual se perdió, y con el tiempo, incluso la creencia en cosas espirituales se perdió. Esto se debió a lo que hemos caracterizado como la influencia ahrimánica que, con el tiem-

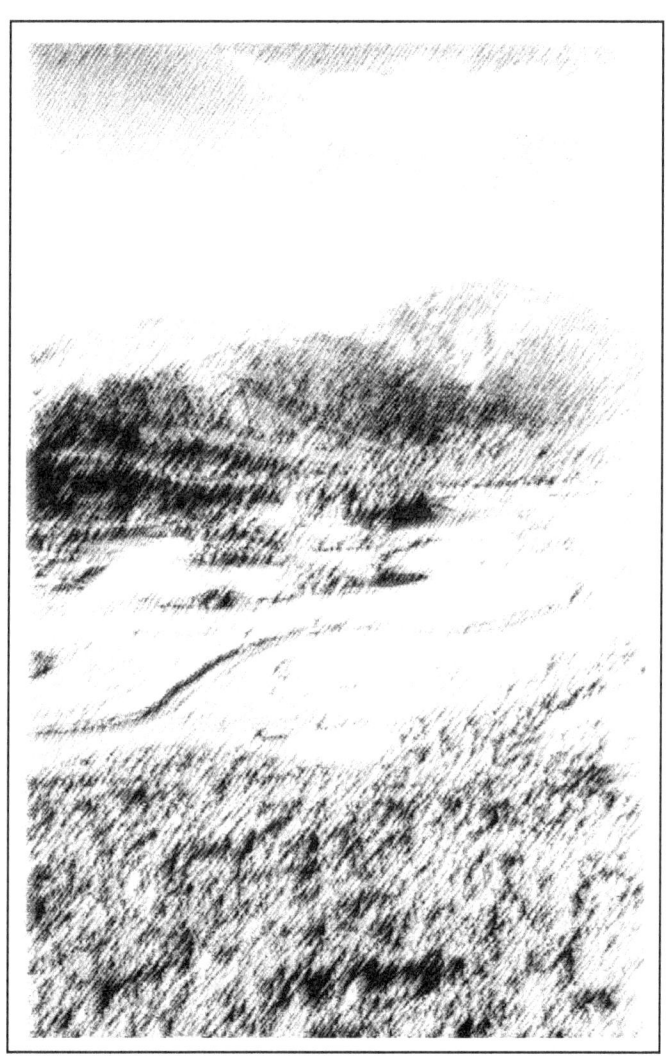

Una nueva tierra surgirá, verde, hermosa y fértil...

po, conduce a la humanidad hacia los conceptos "científicos" de hombre, tierra y Universo. La Tierra pasa a ser un planeta menor, que se traslada alrededor del Sol con muchos más. Las intervenciones espirituales en el Universo se sustituyen por conceptos matemáticos. Los colores pasan a ser vibraciones. El hombre evoluciona accidentalmente, a partir de un protoplasma en la orilla del mar.

La pérdida de la perspicacia espiritual fue sentida como una catástrofe, a pesar de ser inevitable y un paso esencial para la evolución de la humanidad. Al perder el contacto con el mundo espiritual, el hombre fue devuelto a sí mismo; experimentó su libertad e independencia. Pasó a ser un Yo consciente y esa era la meta de los dioses creadores.

No obstante, al liberarse de lo divino, pasó también a estar sujeto a las fuerzas de negación o retardadoras, designadas como luciféricas y ahrimánicas, como ya se explicó. Mientras logra mantener esas fuerzas en equilibrio y las controla, está a salvo. Cuando pierde el control, sobreviene la destrucción y la catástrofe. Eso es lo que sucede en el día de Ragnarok.

Observando los hechos en el mundo de hoy, podemos asumir que, históricamente, el día de Ragnarok nos está alcanzando. El ser humano está siendo atacado por todos lados: drogas, materialismo desenfrenado, manipulación de masas, guerras y rumores de guerras, la bomba atómica…

La Biblia narra la misma historia: "Porque se levantará nación contra nación, y reino contra reino; y habrá terremotos en muchos lugares y habrá hambre y alborotos." (Marcos 13:8). "…el Sol se oscurecerá, y la Luna no dará su resplandor, y las estrellas caerán del cielo y las potencias que están en los cielos serán conmovidas." (Marcos 13:24-25). Del Apocalipsis de San Juan: "…el Sol se puso negro como tela de cilicio, y la Luna se volvió toda como sangre; y las estrellas del cielo cayeron sobre la Tierra…." (Apocalipsis 6:12-13).

Pero en el capítulo 21, versículo 1, hay algo de luz: "Vi un cielo nuevo y una Tierra nueva, porque el primer cielo y la primera Tierra desaparecieron…"

Se predice un invierno de tres años. El número tres, en este caso, es como los cien años de los cuentos de hadas. Significa un período de tiempo, tiempo de creciente oscuridad. El invierno trae consigo la ausencia de calor y el significado está en que las frías fuerzas racionales del intelecto prevalecerán. Como resultado, la Tierra y el hombre están en confusión. Las fuerzas del mal se desatan violentamente.

El barco, Naglfar, llega a tierra lleno de gigantes. El barco está hecho con las uñas de los dedos de las manos y de los pies de hombres muertos, es decir, de las partes duras del cuerpo humano. El simbolismo apunta a las fuerzas ahrimánicas. Loki los guía. Como de costumbre, la influencia luciférica abre el camino a la ahrimánica.

El árbol del mundo tiembla. El árbol es el símbolo del "Yo soy". El Yo es atacado. El árbol fue continuamente dañado por Nidhogg y otros, pero ahora el ataque se intensifica. El vigía divino sopla su cuerno. Los guerreros escogidos de Odín entablan combate. El puente del arco iris se derrumba, es decir, dioses, hombres, seres elementales, gigantes están todos involucrados. Hay destrucción mutua.

El tiempo de Odín se ha cumplido. Es devorado por el lobo Fenris, pero Vidar mata a Fenris. Los zapatos mágicos de Vidar están hechos a partir de trozos descartados de cuero, cuando los hombres lo cortan para dar forma a sus zapatos. Los zapatos son símbolo del recorrer el camino del destino. Cuando se usan retazos para confeccionar zapatos para los dioses, significa que los dioses participan en el destino humano.

Surtur es el ser que ha logrado el control del fuego primordial de la creación divina, a partir del cual el mundo fue formado, mucho antes de la era de Ymir. Su espada de fuego incendia el mundo. Yggdrasil es consumido. El viejo mundo llega a su fin. La estirpe de hombres de Odín, con su clarividencia natural y su relación con los dioses, muere.

Pero la muerte no significa destrucción final. La muerte significa un nuevo comienzo.

Un nuevo Sol brillará en los cielos. Representa una nueva fuerza espiritual. Sucede algo en la historia del mundo que restablece la posibilidad de progresar en la evolución humana. Una fuerza vino al mundo, a través de la cual se alcanzará una nueva percepción en el mundo espiritual. La representa Vidar. Es la fuerza que estaba ya en el principio, y ahora se manifiesta. Vidar nunca tuvo relación con los sucesos que llevaron a la Caída. A través de las fuerzas de Vidar, la vista vuelve a abrirse hacia el mundo espiritual. Con la nueva clarividencia llega el equivalente al regreso de los dioses. Vali es el hijo de Odín con Rinda, la diosa de la tierra: él también sobrevive, es decir, una semilla divina fue sembrada en la tierra y ahora puede crecer. Una nueva estirpe de dioses inspirará ahora a la humanidad: los hijos de Thor, Modi y Magni, simbolizando la individualidad libre. Baldur y Hoder regresan, es decir, la visión espiritual estará ahora combinada con el conocimiento terrenal. Honir, que se había ido a una región más elevada, regresa.

Vafthrudnir dijo a Odín que dos sobrevivirían el día de Ragnarok y fundarían una nueva estirpe. Ellos serían alimentados por el rocío matinal. El espíritu del hombre sigue vivien-

do. Se une a las fuerzas vitales que no fueron destruidas. La nueva estirpe puede caminar y hablar con los dioses. Cielo e infierno son reconstituidos en la nueva conciencia. Todo eso es posible a través del poder de Cristo.

La inferencia es sobre la Segunda Venida. Con el Advenimiento de Cristo, la Tierra fue, por decirlo de alguna manera, revitalizada, dando al hombre la posibilidad de adquirir nuevos poderes de percepción, pero el efecto no es inmediato. El día de Ragnarok, nuestra actual crisis mundial, pasará. Cristo no volverá a aparecer en la carne, pero las mentes humanas sintonizarán con lo espiritual y Cristo será experimentado en un ámbito suprasensible. Será el amanecer de una nueva era.

Glosario

En las narraciones de la mitología nórdica, los nombres tienen un significado en sí mismos. Lamentablemente, no todos pueden ser explicados. Aquí damos una traducción aproximada (entre paréntesis) cuando es posible.

Aegir	El dios del mar.
Ases	(Dioses). La estirpe de dioses especialmente cercana a los hombres nórdicos.
El Padre de Todos	Uno de los nombres de Odín.
Angurboda	(Traedor del Mal). La gigante a quien Loki desposó y que fue madre de los tres monstruos: el lobo Fenris, Jormungand y Hela.
Asgard	(El reino de los Ases).
Audumla	(Vaca sin cuernos, es decir, que carece de fuerzas de endurecimiento). Surgió del hielo en Ginnungengap e Ymir bebió su leche.
Baldur	Hijo de Odín, destacado por su belleza y dulce naturaleza. Hoder, su hermano ciego, lo asesinó sin darse cuenta.

Baugi	Hermano de Suttung, el gigante. Odín lo utilizó para obtener el aguamiel de la poesía.
Bergelmir	Gigante que escapó cuando Ymir y sus compañeros fueron asesinados.
Bilksbirne	(Tiempo claro). El palacio de Thor en Asgard.
Bragi	Hijo de Odín y la gigante Gunnlod. Músico y poeta. Esposo de Iduna.
Breidablick	(Visión amplia). Palacio de Baldur en Asgard.
Brising	Nombre de una estirpe de enanos.
Brock	Nombre del enano que, junto con su hermano Sindri, y a pedido de Loki, hizo regalos para los dioses: Gullinbursti, Draupnir y Mjölnir.
Buri	Abuelo de Odín, Vili y Ve.
Draupnir	(El que gotea). Anillo de oro de Odín, que "gotea" duplicados.
Elli	(La anciana). Madre adoptiva de Utgard-loki. Odín luchó con ella y perdió.
Fenris, el Lobo	(Fen = pantano). Monstruo hijo de Loki y Angurboda.
Fjalar y Galar	Enanos que mataron a Kvasir e hicieron el aguamiel de la poesía a partir de su sangre.

Forseti	(El justo). Hijo de Baldur y su esposa Nanna.
Frey y Freya	Hijo e hija de Njord y Skadi.
Frigga	(Señora). Esposa de Odín. Primera entre las diosas.
Gagnrad	(Bien asesorado). Uno de los nombres de Odín.
Garm	El Cancerbero nórdico. El perro del infierno.
Geirrodur	Uno de los gigantes vencido por Thor.
Gerda	(De Tierra). Una helada gigante de la cual Frey se enamoró y que, con el tiempo, desposó.
Ginnungengap	(Abismo encantado). El vacío original entre Niflheim y Muspelheim.
Gladsheim	(Hogar de la alegría). El santuario de los Ases.
Grid	Una gigante amistosa con los Ases. Ayudó a Thor en su lucha con Geirrodur.
Gullinbursti	(Con cerdas de oro). El cerdo creado por los enanos Brock y Sindri, y regalado a Frey.
Gullveig	(Gull = oro). La mensajera de los Vanes a los Ases, que intentó quemarse.

Gungnir	(Gung = yendo). Lanza mágica de Odín, creada por los enanos conocidos como los hijos de Ivaldi.
Gunnlod	Hija del gigante Suttung y guardiana del aguamiel de la poesía. Fue seducida por Odín para obtener el aguamiel.
Gymir	(Descendiente de Ymir). El terrenal.
Heimdall	(El luminoso en todo el mundo). Guardia del puente del arco iris.
Hela	(Infierno). Soberana del mundo inferior. Monstruo hija de Loki y Angurboda.
Hermod	(El valiente). Mensajero de los Ases.
Himinbjorg	(El castillo del cielo). El Palacio de Heimdall.
Hoddmimir	(Arboleda de Mimir). Santuario debajo del Árbol del Mundo.
Hoder	Hijo ciego de Odín, que, sin darse cuenta, mató a su hermano Baldur.
Honir	Dios que dio al hombre la facultad de la imaginación.
Hvergelmir	(Torbellino en el casco = cerebro). La fuente que fluía de Niflheim.
Hymir	(Emparentado con Ymir). Terrenal.
Iduna	Cuidadora de las manzanas de oro. Esposa de Bragi, el músico.

Ivaldi	Enano cuyos hijos hicieron regalos para los dioses. Padre de Iduna.
Jarl	(Conde).
Jormungand	La Serpiente de Midgard. Monstruo hijo de Loki y Angurboda.
Jotunheim	Hogar de los gigantes Jotuns.
Kvasir	Un hombre sabio, creado a partir de la saliva de los dioses. El Aguamiel de la Poesía fue hecho de su sangre.
Lif y Lifthrasir	(Vida y sustentador de la vida). Sobrevivientes al día de Ragnarok, para volver a poblar la Tierra.
Loddfafnir	(Matador del dragón).
Lodur	(Incendiar). Dios que dio a los hombres la circulación de la sangre.
Loki	(Luz, mentira) El Lucifer nórdico.
Magni y Modi	(El fuerte y el valiente). Hijos de Thor, que empuñarán el martillo en la nueva era.
Midgard	(El reino del medio). El mundo de los hombres.
Mimir	(Memoria). El guardia del pozo de la sabiduría.
Mjölnir	(El triturador). Nombre del martillo de Thor.

Mundilfari	Padre de los niños que conducían los carros del Sol y la Luna.
Muspelheim	(Hogar de fuego). Zona cálida en el cuento de la creación.
Naglfar	(Vehículo construido con uñas humanas). El barco que traía a los gigantes a atacar Midgard.
Nanna	(La activa). Esposa de Baldur.
Nidhogg	(Envidia). El dragón que roe las raíces de Yggdrasil.
Niflheim	(Hogar de la niebla). Región fría en el cuento de la creación.
Njord	Uno de los Vanes que se fue a vivir a Asgard. Padre de Frey y Freya.
Nornas	Las diosas del destino, las Parcas.
Odín	(¿El respiro?). El primero de los dioses. Maestro del poder del habla.
Ragnarok	(Ocaso de los dioses). La destrucción del viejo mundo.
Ratatosk	(Dientes veloces). La ardilla que sube y baja Yggdrasil corriendo, sembrando enemistad entre el águila y Nidhogg.
Rig	(Rey). Nombre utilizado por Heimdall cuando viajaba en la Tierra.

Rinda	Nombre de la novia humana de Odín. Madre de Vali.
Rokva	La hija del granjero, que pasó a servir a Thor en su camino a visitar a Utgardloki.
Rossthiof	El mago que anunció la novia humana de Loki.
Sif	Esposa de Thor, cuyo cabello fue cortado por Loki.
Sigyn	Fiel esposa de Loki.
Sindri	Ver Brock.
Skadi	La gigante que se casó con Thor.
Skidbladnir	(Formado de láminas finas como hojas). Barco plegable, creado por los enanos, hijos de Ivaldi, y regalado a Frey.
Skirnir	(El que brilla). Mensajero de Frey, enviado a cortejar a Gerda en su nombre.
Skrymir	(El asustador). Utgardloki disfrazado de enorme gigante.
Skuld	(Lo que deberá ser). La norna que ve el futuro.
Sleipnir	(El que se desliza). Caballo de ocho patas de Odín. Hijo de Loki y del semental de los gigantes.
Surtur	(Negro). El malvado que espera en Muspelheim para incendiar el mundo.

Suttung	Gigante que escondió el aguamiel de la poesía en una montaña y puso a su hija Gunnlod a custodiarlo.
Svartalfheim	(Hogar de los enanos negros).
Thialfi	Hijo del granjero que pasa a servir a Loki en su visita a Utgardloki.
Thiassi	Gigante que raptó a Iduna, robó sus manzanas y fue matado por el Aesir.
Thor	(Trueno). Hijo de Odín. Guardia de dioses y hombres.
Thrudwang	(Pradera del valiente). Hacienda de Thor en Asgard.
Thrym	Rey de los gigantes helados. Robó el martillo de Thor y pagó con su vida.
Tyr	El más valiente de los Ases. Sacrificó su mano para refrenar a Fenris.
Ull	Hijo de Odín, asociado al tiro con arco y al esquiar.
Urd	(Primigenio). Norna que veía el pasado.
Utgardloki	(Loki del mundo exterior). Gigante que desafió a Thor y lo venció.
Vafthrudnir	(El maestro de los acertijos). Gigante que fue desafiado por Odín en una prueba de conocimiento.

Valhalla	(Palacio del asesinado elegido). Palacio de Odín, donde los guerreros muertos celebraban y esperaban el día de Ragnarok.
Vali	Hijo de Odín y una madre humana, que sobrevive Ragnarok.
Valkirias	(Las que elegían a los guerreros). Doncellas de la batalla, que traían los guerreros muertos a Valhalla.
Vanaheim	(Hogar de los Vanes).
Vanes	Estirpe de dioses más antigua que los Ases.
Verdandi	(Llegar a ser, empezar a existir). La norma que ve el presente.
Vidar	(Soberano, maestro). Hijo de Odín, que destruye al lobo Fenris y sobrevive Ragnarok.
Vili y Ve	Hermanos de Odín. Vili da al hombre el movimiento (will: voluntad); Ve, los órganos de los sentidos.
Yggdrasil	(Portador del Yo). El Árbol del Mundo.
Ymir	(Hombre primigenio). Gigante, a partir del cual fueron creados el mundo y la forma del hombre.

Bibliografía

Existen varias colecciones de narraciones nórdicas que proporcionan relatos completos, pero con enormes variantes. Desafortunadamente, no todas están disponibles en este momento.

The Norse Myths	Crossley-Holland
Myths of the Norsemen*	Lancelyn Green
The Norsemen	Guerber
Told by Northmen	Wilmot-Buxton
Heroes of Asgard	Keary
Teutonic Myth	Mackenzie

Solo uno de los libros de Rudolf Steiner trata específicamente de las narraciones nórdicas. Se trata de "Almas Nacionales y su Misión"[1]. Es difícil de leer para quien no esté acostumbrado a la visión del mundo de Rudolf Steiner. En este sentido, un libro fundamental es su obra "La Ciencia Oculta"[2], pero el principiante puede encontrar una introducción útil en "Nociones Básicas de Antroposofía"[3], de Rudolf Lanz.

---

* Recomendado.
1 - 2 - 3. Editados por Editorial Antroposófica.

www.ingramcontent.com/pod-product-compliance
Lightning Source LLC
Chambersburg PA
CBHW050003230526
45465CB00003BB/1235